あこがれのレンガの家で暮らしたい！

笑って、泣けて、役に立つ家づくり体験記

花田あゆみ
Ayumi Hanada

現代書林

『あこがれ』を、
夢のままで
終わらせない――。

レンガの建物は、
見ているだけで落ち着いた気分になります。
シンボルツリーや、ガーデニングの緑にも
よく合うその佇まいは、
私たちの心に自然に溶け込む
不思議な力があるように思えます。
癒しの空間が、そこにあるのです。

Model house[Jewel]

Model house[Jewel]

First floor | 玄関

Second floor　|リビング・ダイニング

Second floor　|お気に入りの空間

Second floor ｜アイランドキッチン

First floor ｜洗面化粧台

With family

はじめに

レンガの家に暮らし始めて7年が経ちました。

7年前、家を建てるという人生のビッグイベントを共に経験したハウスメーカー、せら工房とは、その後も静かなお付き合いが続いています。あの時、小学生と中学生だった息子たちは成人し、大学生になりました。

25年前、私たち夫婦が新婚生活を始めたのは、2LKで50平方メートルもない狭い社宅でした。玄関のドアを開けると脱衣所……というかなりスリリングな間取りのアパートです。共働きでしたが、貯金ゼロからのスタートだったので、その頃はマイホームを持てる日が来るとは思いませんでした。借家暮らしのまま、それから4回の引っ越しをしました。そのたびに家は少しずつ広くなり、家族も増えました。

どんな家庭にとっても変わらない願いは「家族の幸せ」です。そこには家族が心身ともに健やかでいることも含まれています。「家」は、家族の心と体の健康を守ってくれる「幸せを育む箱」でなければなりません。結婚以来、私たちは自分たちにふさわしい「幸せを育む箱」を求めて、住宅展示場を数限りなく回りました。

きれいなモデルハウスを見るたびに「わあ、素敵！」と思い、わくわくしたものです。でも、最終的には何を基準にハウスメーカーを選べばいいのか……、どんな家が私たちにふさわしいのか……、どうしても答えが見つからず、長い間混乱していました。

それから十数年が経った頃、「工務店」と称する中規模の住宅メーカーと出会いました。その工務店は、目に見えない本質的なところに真剣な、とてもユニークな会社でした。その住宅のコンセプトには、暑さにも寒さにも強く、地震にも火事にも強いという、本質的な優しさがありました。そして、私たちはそこで「長期優良住宅」として認められた「レンガの家」を建てることができました。何百年も持つ、という優れものです。

何百年も先なんて、自分も子どもも生きていないのだから、そこまで長持ちしなくてもいい、と思われるでしょうか？　いいえ、そんなことはありません。それがなぜなのか、長い家探しの旅の中でだんだん私にもわかってきました。

そして今、実際に住んでみて、その素晴らしさを肌で実感しています。

ここに来るまでに４軒の住まいを経てきましたが、「この家」にはその思い出のすべてが詰まっています。これまで大切にしてきた品々が、どれもこの家にマッチしています。

自分たちが一番好きなものに囲まれて暮らせる贅沢に浸っていると、マイホームは幸せを育む箱というだけではなく、家族の歴史とこれからの思い出を包む「宝箱」でもあるのだとつくづく感じます。

私は、紆余曲折を経て、確かな家選びの基準を見つけ、家族の幸せをその家に託すことができました。予算繰りの苦しさや、その後のローン返済のための夫婦での日々の労働。職場は楽しいことばかりではなく、なぜこんな思いをしてまで……といった辛いことも、たくさんありました。それでも、この家に帰ってくると、すべてのことが魔法のように消え、この空間の中に家族といるだけで、満ち足りた幸せな気持ちになります。マイホームの持つ、幸せへの波動とでもいったものでしょうか。

そんな、レンガの家の小さな物語が、これから家を建てられる方々の役に少しでも立つのであれば、こんなに嬉しいことはありません。私たちは誰もがみな、幸せになるために、生きていくのですから。

2018年2月

花田あゆみ

目次

PART

2

「最高の家づくりプロジェクト」始動！

PART

3

本当にできた「理想の家」！

PART

4

「理想の家」を建てて変わった私たちの暮らし

PART 5

これから家を建てる方たちへのメッセージ

PROLOGUE

家族みんなが幸せになれる「レンガの家」

新しい家は「鋭気を養うやすらぎの場」だった

「いい家だね……」「うん、本当にいい家だね」


白いレンガの外壁が美しい「長期優良住宅」に暮らし始めて、7年が経ちました。

私たち家族にとって理想的な形でできあがったこの大切な家は、7年経った今も建設当初とまったく変わらず、冬は暖かく、夏は涼しく、丈夫で、安心できる住処《すみか》であり続けています。東日本大震災を含め何度も襲ってきた地震にも、ほとんど揺れることがありませんでした。

「長期優良」などと言うといかめしい印象がありますが、このレンガの家は、住んで生活するのに「楽しい家」でした。素敵なキッチンに立って、家族を眺めることができる、「幸せな家」でもあります。

入居して間もない頃、週末にホームセンターに通って熱心に家の物を揃えたのは、主人でした。結婚以来4軒の家を経験してきましたが、こんなことは初めてです。マットの一つひとつに至るまで心を配っている様子は、見ていてほほえましく思えました。彼が念願だったBOSE社製のスピーカーを取り付けたリビングルームでは、どれほど好きな音楽を楽しんでいることか……。主人は、ハードとしての家が「鋭気を養う場所」であり「やすらぎの場所」だということを初めて実感したと言います。

子どもたちは、友だちをたくさん連れてきました。私が仕事から帰ってくると、男の子たちがリビングルームで、まるで自分の家のようにくつろいでごろごろしているので、ビックリしたことが何度もあります。その子たちは、よく泊まっていきました。

快適で、安心できる我が家での生活……。

「いい家だね……」

「うん、本当にいい家だね～」

この家に住み始めてから、これが、家族のあいさつになったのでした。

素肌で感じる床の心地よさ

この家に和室は一間ありますが、あとは洋間です。

洋間と廊下の床には、古木風の「アルダー材」という素材を使っています。私のたっての希望で選んだその素材は、素肌で触れることでますますその良さがわかります。購入する予定だったリビングルームのソファも、寝室のベッドも、必要がなくなりました。

2階のリビングルームのフロアには、直接大きなクッションを置いています。床になるべく近い生活を送ることで、よりリラックスできるのです。視線を低くすれば、高い天井はますます広がりを増します。

1階の寝室にも、ベッドは置かず、床の上に直接布団を敷いています。そのおかげで床暖房の暖かさが感じられ、布団そのものも乾燥機をかけたようにいつもほっこりと暖かみを保っています。日中室内に差し込んでくる太陽の光と床暖房だけで、柔らかい肌触りが保たれているのです。

子どもたちもリビングルームにいる時間が長くなりました。友だちを連れてきたときでも、1階にある自分たちの部屋にこもるのではなく、リビングでくつろいでいます。

気持ちがいいのは床だけではありません。

壁は、湿気を吸収する珪藻土ではなく、拭き掃除しやすいクロスで施工してもらいましたが、少しも不快感はありません。むしろ家全体にマイナスイオンが立ち込めている気がします。それは天井の梁の木材と和室の大黒柱がしている呼吸、そして「24時間換気システム」で生まれる空気の流れのおかげだと思います。

ストレスを抱えた心身を癒やせる空間

毎日職場から帰って来て、まず私がすること。それは2階のリビングルームのフローリングに寝転び、ゆっくり身体を伸ばすことです。仕事で疲れた心と身体の歪みを、まっすぐで柔らかい古木風の床材が矯正してくれるような心地よさを感じるからです。

裸足のままうつぶせになっている私を見て、主人も子どもたちも「つぶれたカエル」のようだと言いますが、なんと言われようとこの心地よさに代えることはできません。木のぬくもりが、言葉にできないリラックス感をもたらしてくれるのです。

家の外で受けたストレスは、私たちの心身に大きなダメージをもたらします。はびこる混沌や心の闇、自分と違う他者を認めない不寛容、狭いコミュニティーの中のつまらない駆け引きや批判、理不尽なクレーム、わずらわしい人間関係……。「ストレス社会」と呼ばれる現代社会で、ストレスを受けない人はいないでしょう。でも、そんなストレスをも癒やしてくれる効果が、この家にはありました。

ストレスで弱った心身を暖かい空気で優しく包み込み、その疲れを癒やしてくれる場所があるとしたら、こんなに幸せなことはないのではないでしょうか。

気がつけば、同じタイプの家が近所に続々!?

施工会社であるせらら工房が我が家からほど近いところにあることもあり、この7年間には見学の方がたくさん訪れました。

私たちが家づくりに成功したように、これから建てる方のために何かできれば……と願いながらお迎えしているのですが、建て坪が手ごろな広さで自分たちのプランと重なるのか、見学に来た方たちは皆一様に、とても参考になる間取りだと口を揃えてくれます。なかには我が家を気に入って、「花田さんの家のイメージで」とせらら工房に発注なさった方が何人もいらっしゃいます。

そして……実は、我が家のある周辺だけでも、この7年間に10軒以上のレンガの家が建てられました。

ちょっと話が飛躍するようですが、レンガの家を造ることは、レンガの街を造ることに繋《つな》がるはずです。そうなれば、いつか人々を惹きつけてやまないパリの街並みのようになっていくことも、可能性としてはあるのではないでしょうか。

壮大な私のビジョンは置いておくとして……実際に、見学者やお客様からの感想や質問で、改めてこの家の良さに気づくことが、少なからずありました。

2階に設置してあるエアコンは、その広さをカバーできる馬力ではないのにもかかわらず、夏は「これまで経験したことのない心地いい涼しさを感じた」という感想をいただきます。

逆に冬になって外気の温度がずいぶん下がっているときでも、何も暖房器具をつけていないのに「この家、とても暖かい」という声を聞きます。家の密閉性と照明の灯りの熱だけでこの暖かさが保たれているのだと説明すると、「特別な照明器具ですか？」と聞かれることもあるのですが、ごく普通のダウンライトとシャンデリアだけだと伝えると、それだけ家の性能が高いのだと納得されます。

オープンキッチンなので、「壁がない状態で調理をすると匂いが気になりませんか」という質問もよく受けます。もちろん魚を焼くときには匂いがしますが、換気扇を3段階の中ぐらいにしておけば、それほど気になりません。

密閉性が高ければ匂いも中にこもりそうなものですが、高気密だからこそ逆に室内の匂いを集中的に外に出すことができるのです。掃除機のホースに穴が開いていたら吸い込む力が弱まりますが、隙間がなければ吸引力が強いままなのと同じで、短時間で匂いを外に放出することができるというわけです。実際のオープンキッチンをご覧いただきながら説明するので、皆さん納得してくださいます。

余談になりますが、こんなふうに我が家を訪れる見学者が多いために、初めの頃、子どもから「ママ、ひょっとして僕たち、モデルハウスに住んでるの？」と聞かれたことがあります。

「自分たちの部屋の汚さをよっく見てごらん。これってモデルハウス？」と言うと、「うーん、違う気がする」。「でしょ？　でも、お客さんがいつ来てもいいように、きれいにしておかなくちゃね」と言われ、子どもたちはあわてて部屋の掃除を始めました。モデルハウスということにしておけば、もっと部屋が片づくのかもしれないと、その姿を見て悔やんだのですが……。

優しさはペットにも飼い主にも

人に優しい家は、動植物にも優しい家です。

この家を手に入れて間もなく、我が家に小型犬が2匹やってきました。パピヨン犬のオスとメスで、ドッグライフセイビングという保護団体の仲介です。2匹は保健所の前に捨てられていたのだそうです。

私は昔から、いつか犬を飼うのなら、ペットショップからではなく、保健所から引き取って里親探しをしている保護団体から購入しようと思っていました。飼い主から捨てられたり、悪質なブリーダーによって劣悪な環境で飼育されたりした犬たちです。

まともな餌を与えられていなかったオスのほうは歯が抜けていました。散歩をさせてもらえなかったメスの肉球はぷよぷよし、我が家に来てからも散歩をしすぎると、足先から出血してしまうことが続き、それでも散歩が好きなので、抱きかかえたまま出かけていました。

そんな彼らが、この家に住んでから普通の犬らしくなりました。少しずつ毛が生え揃い、つやつやと光ってきて、パピヨンらしくなったのです。なにより、いつも不安そうに吠え立てていたのが、安心しきってスヤスヤと寝入るようになりました。暖かくて快適な空気は、人間だけではなくペットにも良いものでした。

せらら工房と家を建てた施主で、やはり犬を飼っている方に聞いたのですが、前の家に住んでいたときには震度3でテーブルの下に潜り込んでいた犬が、今は少しも地震を怖がらず、慌てなくなったということです。丈夫な構造で揺れが少ないせいだと思うのですが、犬にとっても安心できる家だということです。

犬が居心地よく暮らしていると、飼い主としての負担も減ります。

我が家のキッチンの床はすべてタイル施工ですが、これが功を奏しました。トイレの失敗があっても、さっとひと拭きするだけで、臭いも色もきれいに取れるからです。「24時間換気システム」のお陰で、ペット臭も気になりません。窓を開けることなく風が通り、臭いはいつの間にか消えています。

また、防音効果が高いために、吠える声が外に漏れず、近所に気を遣う必要がありませんでした。

残念ながら、メスのほうは、昨年の夏に他界しました。最期は肝臓の病気に冒されて、その生涯を14歳で閉じました。もっと早く引き取れていたら、ひょっとしたらもっと寿命を延ばすことができたのではないか……と悔いが残ります。

でも、我が家にいる間は、この家の広さと快適さを充分に共有していました。生き生きと走り回り、日の射し込む窓際でくつろぎ、とても狼の子孫とは思えない無防備な姿勢で眠り……この家の良さを飼い主と一緒に享受していたと思います。

オスのほうは15歳になり、だいぶ年老いた様子ですが、元気に暮らしています。この先も、なるべくこの家で長生きをしてくれることを願うばかりです。

観葉植物まで生き生き伸び伸び

ペットだけではなく、植物にとっても良い家です。借家に住んでいたときにはガスストーブを使っていたのですが、室内がとても暖かくなる反面、熱風が当たって顔がほてっていました。その熱風が植物にも当たるため、冬の間は元気がなくなり、大きなパキラの葉がいつの間にか黄色く変色して落ちてしまうことがよくありました。

それが、今の家では夜間の床暖房と、日中に射し込む太陽の光だけで暖を取っているのですから、直接熱風が当たることがなくなった植物は、冬でも春先のように青々としています。枝葉の成長も早く、伸び伸びとしています。

私たちの結婚当初から一緒に生きているベンジャミンの木は、おそらくもう樹齢30年近くになっていると思いますが、吹き抜けになっている2階のリビングに置いているために、高い天井に向かって上へ上へと伸びていこうとしています。何も語らない植物でも、ちゃんと周りの広がりを感じ、環境や空気の変化を知り、それに適応しながら成長しようとしていることを、この家に住んで改めて感じています。

PART

1

白レンガの「長期優良住宅」に決めるまで

私たちが「理想の家」を描くまで

昔から培っていた「家」への思い

私たちが建てた家の特徴と魅力について述べてきましたが、そんな家をどうして建てることができたのか、そんな家を一緒に建ててくれるハウスメーカーをどのようにして知ったのかを、お伝えしたいと思います。

それには、もちろん私たち夫婦の歩んできた道が深く関連していますが、それだけではなく、私自身の生い立ちも関係しています。

私は子どもの頃から、小学校の教員だった父の転勤に伴って、風土のまったく違う土地を転々としてきました。寒い土地も暑い土地も……。その経験から、「風土に合った住居の持つ特性」を肌で学ぶことができました。

自然環境と家の造りの関係、歴史が育む住まいの文化について……。それが私の「家」への思いを潜在意識として育み、家探しの道しるべとなってくれました。そういうわけですから、まずは私の子ども時代からお話しさせてください。

「寒さは窓から」——厳寒の北海道で知ったこと

幼い頃、私は家族4人で北海道の最果ての地、宗谷地方で暮らしていました。どこまでも続く地平線、やせた大地に根を張りたくましく生きていたエゾユリの真っ赤な花々。夏は短く、つかの間の太陽の暖かさを、人も自然もむさぼるように吸収していました。平原に沈む太陽の色は、どこか薄いオレンジ色でした。

冬は想像をはるかに超える寒さでした。夏が終わると、秋と冬が同時に訪れるのです。吹雪が容赦なく電柱を倒し、外を吹き荒れる吹雪の音と暗がりの中、蝋燭《ろうそく》とランプの灯りの下で家族と食事をした幼い日の暮らしは、今もはっきりとまぶたに焼きついています。倉本聰さんが脚本のドラマ『北の国から』（フジテレビ）をご覧になったことがあるでしょうか。電気と水道こそありましたが、私たちの暮らしもあの富良野の黒板五郎の家と変わりませんでした。あれを見て「あんな暮らしの人、本当にいるのかな」と思われた方もいるかもしれませんが、私にとっては幼い頃の生活そのものです。

あの番組を見ると懐かしく思うと同時に、辛かった時代の思い出も甦ります。さだまさしさんが歌うテーマソングを聴くと、妹と一緒に平原を走った光景が思い浮かぶのです。

何もない……ただ延々と続く自然があるだけ。人々はその片隅でひっそりと、しかし懸命に生活を営んでいます。

石炭ストーブが赤々と燃えるそばで寄り添う家族が、幼い心にどれだけ安心感を与えたことか……。風が木造建ての住宅を軋《きし》ませ、古い教員住宅には隙間風が入ります。いつ飛ばされても不思議ではないという不安の中、灯りと家族の存在は、あの冬を越すために不可欠でした。

吹雪で電柱が倒れて停電になり、あたりが突然暗闇になるそんなとき、幼い私は想像の世界で遊んでいました。狼がありったけの力をふりしぼって、今この家を吹き飛ばそうとしている……。この家は木でできていて、2番目の子豚が建てたものだから、ワラよりは安心だ。でも、この次は、レンガの家に逃げなければ……と。

停電になると、父が自家発電機のエンジンをかけます。機械のモーターが回り、辺りにガソリン臭が立ち込める頃、突然、灯りがつきます。本当に別世界のような、温かくて安心できる電気の灯りです。電気ってこんなにもありがたいものなんだ……と私はしみじみ思いました。当時の小さな私には、その機械は大きくてゴツゴツして、危険な恐ろしいものでした。それだけに、それを使いこなす父の姿はとても頼もしく、『大草原の小さな家』

のローラ・インガルス一家を支える父親チャールズの姿とだぶって見えました。

毎年秋口になると、父が窓の外側に付ける木枠と透明のビニールシートを買ってきます。その木枠にビニールを挟み込み、細い釘で窓を覆うのです。小学生の私は、父の欠かせない助手でした。家の全部の窓を覆うのですから、時間はかかるし、細かい作業をするために手袋をはめない小さな両手は、真っ赤になってかじかんできます。私はこの原始的な作業が辛くて嫌でした。しかも、気がきかない動きをすると、厳しいプチ棟梁に叱られるのです。私はほとんど泣きべそをかきながら、父の手伝いをしたものでした。

でも、厳しい冬を迎えるための儀式のようなこの作業を終えた我が家は、「こんなビニールで！」と思うほど暖かくなり、家族も私の心もほっこりしたものでした。

そこで、私は家が持つ特徴を身体で学んだのです。


「寒さは窓からやってくる」

「断熱材があれば暖かい」――白い吹雪が教えたこと

ある夜、猛烈な吹雪が襲ってきました。吹きつける風の音の恐ろしさで身をすくめながら布団に入っていた私は、夜半過ぎに音がぴたりとやみ、なんともいえない心地よい静け

さと暖かさに包まれていることに気がつきました。きっと吹雪が収まったんだとぼんやり考えながら、私は朝まで熟睡しました。

ところが翌日のこと、朝になっても太陽が昇りません。カーテンを開けても、いつもなら窓から光が注ぎ込むのに、辺りは真っ暗です。家族全員が起きてきて大騒ぎになりました。一晩のうちに、雪が家をすっぽり埋めてしまったのです。玄関のすぐ外にも雪がぎっしり詰まっているので、ドアを向こう側に開くことすらできません。このままでは、学校へもどこへも行けません。

家の中から熱を外へ逃がすことで少しずつ外の雪を溶かし、隙間ができたところに熱湯をかけるなどしながら、ドアを開けていきました。その後は玄関に常備してあるシャベルを使って掘り進んでいくのですが、まっすぐ前に掘っても光には届きません。上へ上へと掘らなくてはならないのです。外へ出るのに40分ぐらいはかかったでしょうか。

ようやく雪を通して光が見え、もうすぐ外へ出られるとわかったときの嬉しさといったら……。太陽に手をかざせば見える私たちの血管のように、雪の壁が一瞬赤く透けて見えたとき、「これで助かったあ!!」とみんなで安堵の歓声を上げました。

上へ繋がる階段を雪でつくってもらい、まるで天国への階段のようにきれいだと無邪気に喜んでいましたが、地上へ出て昨日とはまるで違う風景を目にしたとき、私たち姉妹は思わず息を呑みました。雪がすべてを覆い尽くしているのです。自然の驚異と恐ろしさ、そして美しさを同時に目にしたのです。そして、その瞬間、昨夜なぜ急に吹雪の音が聞こえなくなったのか、なぜ家が暖かく保たれていたのかを私は理解しました。雪がクッション材となり、家をすっぽり覆っていたからです。

私は、また一つ学びました。

「家は、それを覆う断熱材があると、〈保温効果〉と〈遮音効果〉があり、暖かい」

「足元が暖かいと安眠できる」——湯たんぽの経験

北国では、毎年ロシアから流氷が流れてきます。宗谷は流氷の接岸地域と離れていますが、家の床下がばりばりと凍りつくため、流氷が来たことはわかります。

夜は布団をかけていても、顔の辺りの布は吐く息で冷たく凍っていきます。寒くて布団がなかなか温まらず、すぐには寝つけません。

そんなとき、母が毎晩用意してくれる湯たんぽはとても嬉しかったものです。お湯を沸かして入れる、アルミ製の湯たんぽ。低温やけどをしないようにタオルをぐるぐる巻きつけても、幼くて柔らかい皮膚はいくつも水ぶくれをつくり、毎年痛い思いをしていましたが、あの足元の暖かさと寝心地の良さは忘れることができません。ストーブを消した部屋の中がどんなに寒くなっても、足元のぬくもりがあれば、がちがち鳴っていた歯もいつしか止まり、心地よい眠りにつけたものでした。

このことで、私が覚えたのはこれです。

「足元が暖かいと、寒さの中でも人は安眠できる」

「白い石は熱を遮断する」──灼熱のインド

その後、私たちは日本人学校に赴任した父と共に、厳寒の地・北海道から灼熱の国・インドへと居を移し、首都ニューデリーで私は中学の3年間を過ごしました。

白い吹雪を見たことはあっても、赤い吹雪を見たことはそれまでありませんでした。その頃には弟が生まれて5人家族になっていましたが、幼い弟がこの国について初めて口にした言葉は、「外を、赤い風が吹いている……」でした。

夏は45度を超える暑さになり、車の中は50度を軽く超えます。光を反射する白い家がほとんどで、暑さをしのぐ北向きの石造りの家が高級とされていました。全世帯をまかなうだけの電力供給が間に合わず、真昼の一番暑い時間に突然電気が止まります。

私たちは各部屋のドアを閉め、エアコンをガンガンにかけ、突然止まったときのために備えておきます。電気が止まった後は冷した部屋を少しでも保つために、ドアの開閉をやめて昼寝をします。上がっていく温度に身体が適応せず、何もできないからです。暑さに耐えるためだけに、ただ身体を休めてやり過ごす、という時間を私は初めて体験しました。

ベッドの上で耐えられなくなると、石でできた床へ移動します。石の上はいつまでもひ

ザザ
ザッ
赤い砂嵐
スラムドッグ・ミリオネアの国で…

んやりして心地よいからです。私たち外国人だけでなく、我が家で働いていたサーバントのような現地の人もまた、昼の間は部屋の中で暑さをやり過ごしていました。

路上生活者が毎年何百人も熱死していました。意識して水分をひたすら摂らなければ、すぐに脱水症状になります。

冷やしておいた部屋も、時間が経つにつれて少しずつ温度が上がっていきます。肌からの蒸発が早いので、自分が汗をかいていることさえ認識できません。息づかいが荒くなり、身体の動きが緩慢になり、頭の中がボーッとして読書すらできなくなるのです。

そんなインドですが、多くの美しい建造物が各地に存在しています。なかでもアーグラーにあるタージ・マハルの霊廟は有名で、滞在中に私たちは何度もこの遺跡を訪れました。白い大理石にルビーやサファイアなどが散りばめられた美しい世界遺産。22年もの歳月をかけて、シャー・ジャハーン王が亡き愛妃のために造らせたお墓です。宝石類はすべて盗まれ、今は代わりの品で飾られていますが、私はその美しさに感嘆しながら、そのために国を滅ぼした王の無謀さや、そこまで愛された王妃などに想いをめぐらせました。

月夜のタージ・マハルが一番感動的でしたが、真昼の暑さの中で目眩《めまい》を覚えながら見た、蜃気楼の中に浮かび上がる姿もまた美しいものでした。

そして、外がそれほど暑いにもかかわらず、王と王妃が眠る棺が納められた薄暗い地下の部屋を訪れると、クーラーがないのにそこだけひんやりと涼しかったことも、強く印象に残っています。

灼熱の国でも、学んだことがありました。

「白い石は、熱を遮断する」

石文化の国・フランスの美しい街並み

インドから帰国し、大学を卒業して数年後、私は結婚しました。

しばらくして、私たち夫婦はフランスのパリで4年間暮らすことになりました。私たちが渡仏した1995年は、ちょうど労働組合のサンディカリズムが台頭し、街中をストライキの嵐が吹いている最中で、郵便やメトロ（地下鉄）など公共のサービスがよく止まり、生活は不便を極めていました。

私は息子二人をフランスで出産したのですが、妊娠中もよくメトロが止まったために、外出先から大きなお腹を抱えてとぼとぼ歩いて帰ったものです。でもそのお陰で、いつもなら地下を瞬《またた》く間に通り抜けてしまうパリの街を、ゆっくり散策できる楽しみを与えられました。

パリには、フランス革命時代の建造物がそのまま残っている地域がたくさんあります。例えば、マリー・アントワネットが処刑直前まで幽閉されていたコンシェルジュリーから、ギロチンがあったコンコルド広場への道もそのままなので、歩きながら彼女の心情を想うことができます。

あるいはナポレオン・ボナパルトの眠るアンヴァリッド、「新しい橋」の意で名づけられたのに今は一番古いポン・ヌフなど、優雅さと力強さがある石造りの建造物は、当時生きていた人たちの息づかいを感じさせてくれます。

ダイアナ妃が最後の滞在先に選んだ美しいホテル・リッツが建つヴァンドーム広場の向かいにはショパンが最期を迎えた家があり、ショーメという高級宝石店に変わって高級感のある一角となりましたが、今でも彼が見たものとさほど変わらない風景を見ながら、さまざまな想いをめぐらすことができるのです。

そして街全体が作り出している色と形がどれほど美しいことか。見事に織りなされて調和のとれた風景に、年月がさらなる魅力を加えています。個人主義があんなに行き渡っている国なのに、全体の調和が重んじられているのは、とてもおもしろい現象ではないでしょうか。

彼らは自分の主張をきっちり伝え、ときにはわがままにも映る言動をしますが、常に全体の美とバランスを考えて生きています。そんな彼らが造ってきた建築物は美しい石文化で、街全体が美術館になるかのような都市計画がなされています。こんな街を築いてきた彼らの祖先を、私は尊敬せざるを得ません。

古いものを大事にする価値観

フランスの古いアパルトマンは、水まわりの部品も古いためによく故障します。そのつど住民は不平不満をたらたら言いながら水道屋さんを呼ぶのですが、それが時間どおりに来なかったり、持ってきてしかるべき部品を持ってこなかったり……。

職人の技術は確かなのに、会社からの連絡不足なのか本人の怠慢なのか、単純な故障でも一日で終わらないことがしょっちゅうです。確実で迅速な日本のサービスがあたりまえだと思ってきた人間としては、「私は今日、何のために休暇を取って家にいたの！」と、怒りがこみあげてきます。

でもフランス人は、不平や文句は言いたい放題こぼしながら、それでもその古い家に長年忍耐強く住み続けています。それは古いものを長く使うことの大切さと贅沢さを知っているからでしょう。故障が多く交通渋滞の激しいパリを逃れて、郊外の新しい一軒家を購入する若い世代も増えていると聞きますが、そんな時代の流れの中でも、かたくなに昔のままの暮らしにこだわる彼らの生き方に、私は好感を持つのです。

話は前後しますが、私がまだ社会人一年生だった頃に、ローマからイタリア人の若い夫婦が札幌の家に遊びに来たことがありました。そのとき、文化の違いを見せつけられた出来事があります。

食事の後、彼らが食器洗いを手伝ってくれたときのことです。陶器でできたレモンの絞り器を、彼らがうっかり壊してしまいました。母がとっさに、「あ、それは古いものだから、壊れても大丈夫。気にしないで」と言ったのですが、それに対して彼らは「ええ!? 古いものなのですか？ どうやったら弁償できますか？」と慌てているのです。

自分たちの人生さえ越える時の長さを耐えてきたものは、古くなれば古くなるほど価値を増す、かけがえのない存在であることを、彼らはよく知っているのです。使い捨て文化に慣れてしまった私たちは、こうしたヨーロッパの人たちの価値観にハッとわが身を省み、新鮮さを覚えることがよくあります。

そんなヨーロッパの価値観が、私に教えてくれました。

「古いものは、お金で買えない価値がある」

変わらないものへの憧れが「石」の家への憧れに

何十年、何百年もの時を経てもなお変わらないものに、私たちの心はときとして惹かれます。私たちが不変的なものに憧れる心の底には、同時に不変ではない、はかない生命に感じる切なさと愛しさがあるような気がします。

永遠ではないこの現世に、少しでも自分たちの生きた証《あかし》を刻み、「何か」を残したいと願うことは、どの時代の人間にとっても変わらない普遍的な夢なのかもしれません。いつの世も、その「何か」を自分よりも長く生きていくものに託し、想いを込めて、人は一生を終えていくのかもしれません。

フランスで見た何百年も昔に造られた石の橋や石の建物に、私は変わらない強さと美しさを感じていました。そして、人が積み上げてきた「石」は、過去からの手紙であり、未来への手紙でもあると思ったのです。

だからこそ私は、いつか家を建てるなら、この石文化に近い家を建てたいとずっと思っていたのです。

日本の古民家のような美しい木造住宅も好きですが、火事に弱く、石造りほど長持ちしないという弱点があるため、１００％の木造住宅にはしたくなかったのです。

火に強く、地震にも強い「石」でできた家。

家の内部は、パリのアパルトマンのような「木材」でできた家。

そんな理想の家を建ててくれる住宅メーカーはないだろうかと、私は漠然と思っていました。でも、それはたぶん日本には存在しないのだろうとも……。

結婚以来ずっと、いつか自分たちの家を、と私たちは思っていましたが、この二つを実現してくれる住宅メーカーに出会うまでには、長い年月が必要でした。

やっと納得できる家が見つかった！

毎週末の展示場めぐり

フランスから帰国し、主人が茨城県ひたちなか市に転勤になると、住宅展示場めぐりが週末の恒例イベントになりました。地方都市の住宅展示場というのは、規模が大きく、テーマパークのような雰囲気があり、主婦を対象にしたガーデニング講座や子ども向けのヒーローアクションなど、親子連れを意識したイベントが週替わりで開かれています。

大型駐車場が完備され、犬を連れた家族連れでいつも賑わっています。ひたちなか市にはそんな住宅展示場が四か所ほどあり、私たちは晴れた日には手軽なピクニック気分でよく訪れたものです。特に夏場はほとんど毎週のように行っていました。

私たちは社宅のアパート暮らしにそれなりに満足しており、具体的な建設予定はありませんでしたが、いつか訪れるかもしれないマイホーム建築の日に備えて、漠然と自分たちに合った住宅メーカーを探していました。その頃は、展示場の莫大な広告料とイベント費用がどこから賄われているかということなど、想像もしていませんでした。

けれども見て回れば回るほど、私たちは混乱していきました。Tホームズ、S林業、Mハウス、I工務店、S水ハウス、Hハウス……、林立する多くの住宅を見れば見るほど、自分たちがいったい住宅に何を求めているのか、わからなくなってしまったのです。

子どもの頃に読んだ本に『ねずみのいえさがし』（ヘレン・ピアス作）という児童書がありました。小さなねずみが「ここが　いいかな?」と家を探すのですが、「さむすぎる」「あつすぎる」「ひろすぎる」「せますぎる」……と、なかなかいいところが見つかりません。私たちはそのねずみの心境にそっくりでした。

選択の基準がわからないまま、ただぐるぐると見て回っていた私たちは、自分たちの将来の生活の具体的なイメージを大きなモデルハウスに見出すことができませんでした。当時の私は、「夢があって綺麗な」デザインだけを追いかけていたのです。

「最高の家」とは何でしょうか。それは各社がこぞって宣伝しているように、きっと建てる人の数だけあるのでしょう。それぞれの価値観によって、最高の家は異なるのでしょう。そう思う一方で、実は大切なことは揺るがない何か一つなのではないかと、いつしか思うようになっていったのです。少しずつ、私たちは自分たちの家について譲れない条件を絞っていきました。

絞り込んだシンプルな条件

内閣府の統計によれば、現代の日本で建てられている住宅の寿命は平均30年だそうです。私はアジアやヨーロッパで生活した経験から、この住宅寿命の短さに疑問を感じていました。昔の日本には存在していたはずの、何百年と長持ちする木造建築を造ってきた大工さんたちの継承者はどうなってしまったのだろう、とも思っていました。

私たちは、家族の命を守り、地震に強く、快適で、丈夫で長持ちする家がほしいと思いました。何世代にも受け継がれて、そこに住んでいた多くの人に大切にされながら、時を経てもなお頑固に往時《おうじ》の面影を残しているパリの建物のような家……それが私たちにとっての「最高の家」の基準になりました。

そして、「暖かい家」であってほしいと思いました。学生時代の私は、札幌で両親が購入したMホームの建売住宅に住み、寒さに対する断熱性・気密性の大切さを肌で感じていました。断熱性・気密性の有無で、光熱費に大きく差が出ることも体験していました。

よく「高気密・高断熱住宅」に住み慣れた北海道育ちの人が東京に来ると、夏が予想以上に暑く、冬が地元以上に寒いことを実感すると言われます。北国育ちで寒さには強いはずなのに！　と驚かれるわけですが、それは東京の家の窓が薄くて、断熱性・気密性が充分に確保されていないからです。

「丈夫で暖かい家」。多くの住宅を見て、たくさんの営業マンの説明を聞いた私たちでしたが、最終的に住宅選びの基準となったキーワードは、ごくあたりまえの、シンプルな概念でした。

それでも「決定打」は出せず

私たちは12世帯が住むアパートが6棟ある社宅の団地に住んでいたのですが、ちょうどその頃は、同年代の家族の多くが自分たちの家を建てて、社宅を出ていく時期でもありました。そういう友人たちが新築のマイホームを見せてくれるので、それぞれの住宅メーカーの家を目で見て、実際の住み心地を聞けるよい機会となりました。今思えば、とても恵まれた環境にいたと言えるでしょう。

展示場では、イチロー選手が建てたというS林業は木をふんだんに使っていて贅沢な感じがしたし、S水ハウスの鉄骨も丈夫そうな印象を受けました。ですが、表からは見えない家の構造体の話は、どの営業マンからもなかなか聞くことができませんでした。

やがて絞っていったメーカーは、阪神・淡路大震災の揺れにも残ったというMホーム、そして壁の中の造りがしっかりしている印象を受けたI工務店でした。といっても、「ぜひ、このメーカーで建てたい！」と思ったわけではなく、消去法で削っていった結果です。

そんなある日、メーカーの方に「どんな人が家を建ててくれるのか」と尋ねたところ、下請けの工務店さんだという答えが返ってきました。

その方の話によれば、メーカーと工務店は直接契約なので、複数の住宅メーカーを掛け持ちしている工務店も珍しくないとのこと。それを聞いて、私は不思議に思いました。全員ではないにしろ、建ててくれる人が同じであれば、メーカーのカラーの違いはどこに現れるのでしょうか。外側のデザインだけ？ それとも工程の順番？ 素人の私には、細かい作業工程など想像がつきません。メーカーを一つに決めることが、ますます難しくなるような気がしました。

住宅メーカーの最終的な選択基準は何なのでしょう？ 営業マンが持ってきてくれる豪華な景品？ まさか！ もちろん、そんなことを選択の基準にはできません。私はずっと、何かとてもきれいな箱をいくつも見せられながら、心に直球で届くような決定打に欠けると感じていました。

「ソフト」より「ハード」に目が向いたとき

一つの疑問符がだんだん大きくなって、ちょっとした壁にぶつかっていた私は、その頃売れていた建築関係の本を偶然手にしました。それを読んで、私はとても大切なことに目を開かれたのです。

多くの人は、外観に惹かれ、内装から受ける印象で家を選びがちではないでしょうか。私たちもまた、そういう目に見えるものに各社のオリジナリティーや個性を感じて、自分の感性に合う会社を探し続けていたように思います。でも実は、内装というソフトは、どんな土台や構造の上にも、きれいに、そして要求したデザインどおりにある程度はできる「仕上げ」の部分にすぎません。購入した商品にたとえれば、「包装紙」にすぎないのです。

家づくりで一番大切なこと——それは長期的に住み続けることに耐えられる「頑丈さ」と「快適さ」です。商品にたとえれば、たとえ落とされたとしても、中に入っている物が割れないようにするための、丈夫で機能的な厚い「箱」です。つまり、大切なのはソフトではなく、ハードなのです。

内装ももちろん大切ですが、家全体の割合でいえば、表面を覆う薄い部分にすぎないということが、この本を読んでわかってきました。逆に言えば、どんなに素晴らしい内装を施してもらったとしても、それを見えない場所から支える構造体が頑丈で長持ちするものでなければ、内装も長持ちしない、ということです。

その本が、私たちに大手の住宅メーカーを選ぶことを踏みとどまらせ、家にとって一番大切な構造体を見つめるきっかけを与えてくれました。

2001年の初めに主人が転職し、私たちは神奈川県横浜市の郊外に引っ越しました。この転職は、転勤の可能性がとても少なくなったことも意味しました。ですから家を建てる好機とも言えたのですが、私としてはまだまだ先の話だと思っていました。そして、1978年築の古い一軒家を借りたのでした。

思いがけない偶然も導いた縁

せらら工房という住宅メーカーは、はじめ私たちの選択肢にはありませんでした。なぜなら私たちが歩き回った住宅展示場に、そのモデルハウスがなかったからです。

「レンガの家　百年健康住宅」——そんなキャッチコピーが載ったチラシが気になったの

はいつのことだったでしょうか。その「言葉」に惹かれ、私は何となくそれをとっておいたのでした。主人もまた、素っ気ないチラシに構造上の説明が非常に詳しく載っていたことが印象的だったようで、自宅から歩いていける距離にあったその会社を一人で訪ねてカタログをもらってきていました。

そして２００５年夏、新しいモデルハウス「港南台ヒルズ」のオープン記念に、私たちは行ってみることにしたのでした。

そこで私たちは思いがけない人と会いました。横浜に来てすぐに主人が入ったバレーボ

ールサークルで一緒の岡山真弓さんです。この会社で十数年のキャリアを持つ、古参の社員さんでした。お互いにびっくりして、「世の中狭いですねえ」と会話が盛り上がりました。岡山さんはその後、私たちが「最高の家」を手に入れるまでの過程にずっと伴走してくれることになるのですが、このときは知る由もありませんでした。

サイディングではない、本物のレンガ積み

港南台ヒルズは「レンガ積みの家」のモデルハウスでした。中に入ってみると、入り口の近くにレンガ積みの構造や断熱方法などがとても詳しく、サンプル品と共に展示されています。入ってすぐのところにそんな無骨なものを置いているモデルハウスは初めてでした。そのときに案内してくれたのは、S林業から転職してきた桜田さんという男性でしたが、控え目な態度にとても好感が持てました。

私たちはそれまで、レンガを積み上げる工法をとる日本の住宅メーカーには出会ったことがありませんでした。レンガ風の建物はありましたが、それはレンガ状のタイルを外壁にサイディングとして施しているだけでした。でも、せらら工房は、本物のレンガを1万個以上一つひとつ手で積み上げるというのです。アジアやヨーロッパのレンガ職人がやっ

「レンガの家」断面図と構造図

■断面図

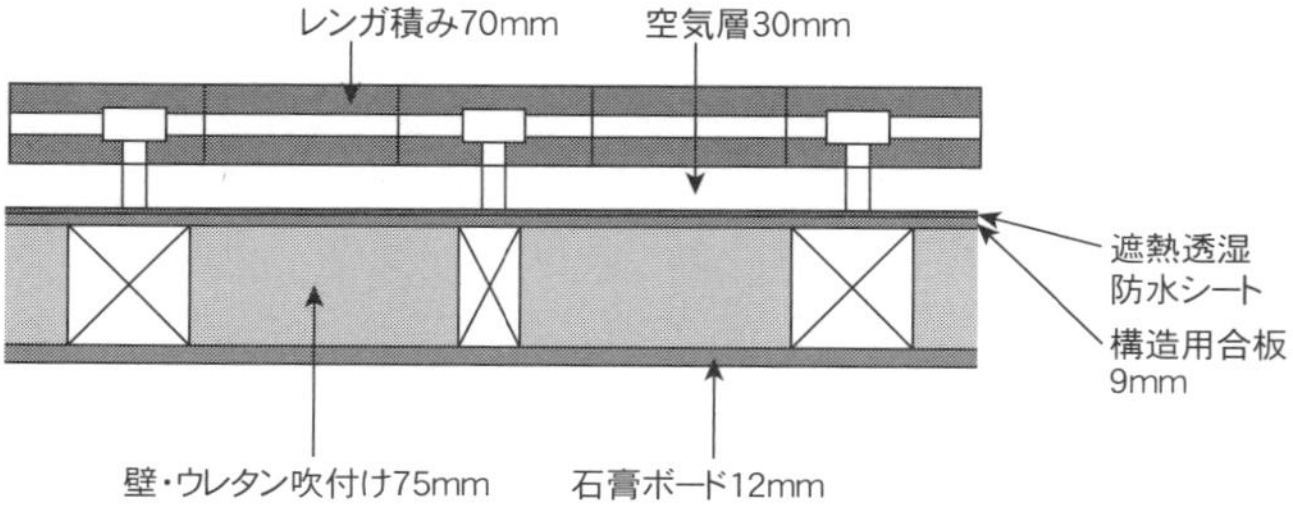

■構造図

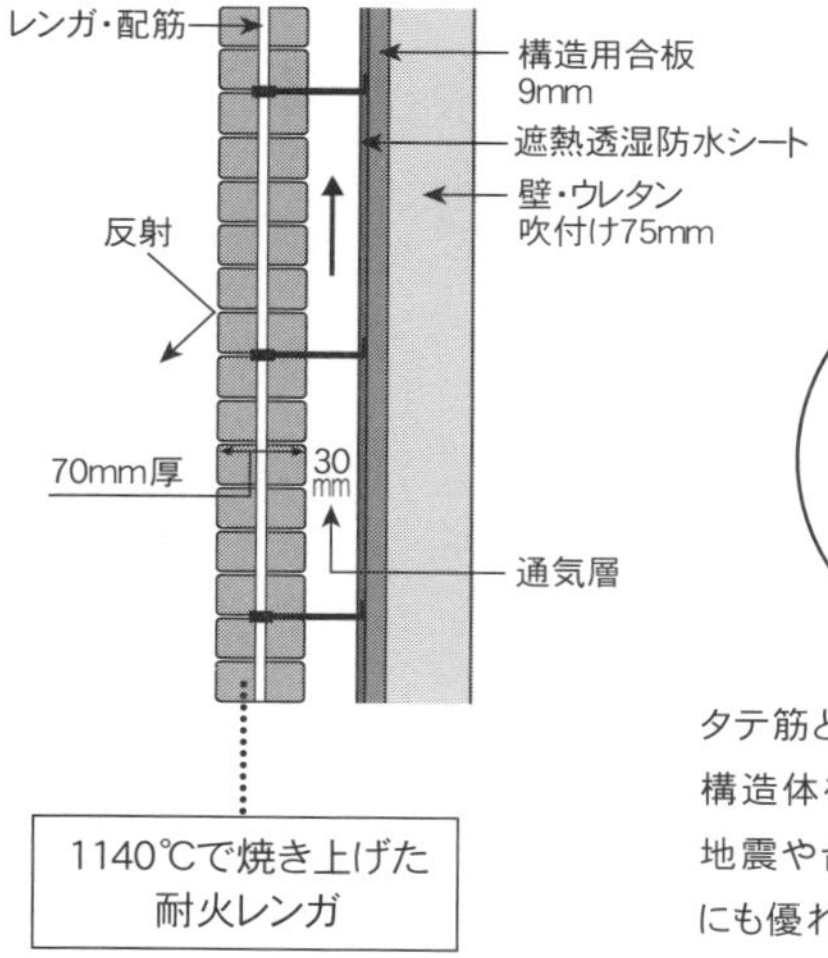

木造軸組み
＋
鉄筋レンガ積みの
W構造

タテ筋とヨコ筋をくまなく配し、
構造体を金物でしっかりと固定。
地震や台風などに強く、耐火性、遮音性
にも優れています。

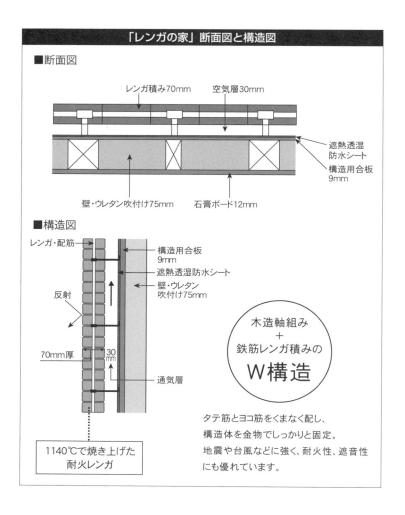

長期優良住宅　●断熱性●遮熱性●通気性に優れた構造

2重断熱・2重遮熱・通気工法

ウレタン吹付け75mm＋遮熱通気工法。
さらにレンガ独自の断熱性と遮熱性。

これが

外断熱と内断熱のコラボレーションです

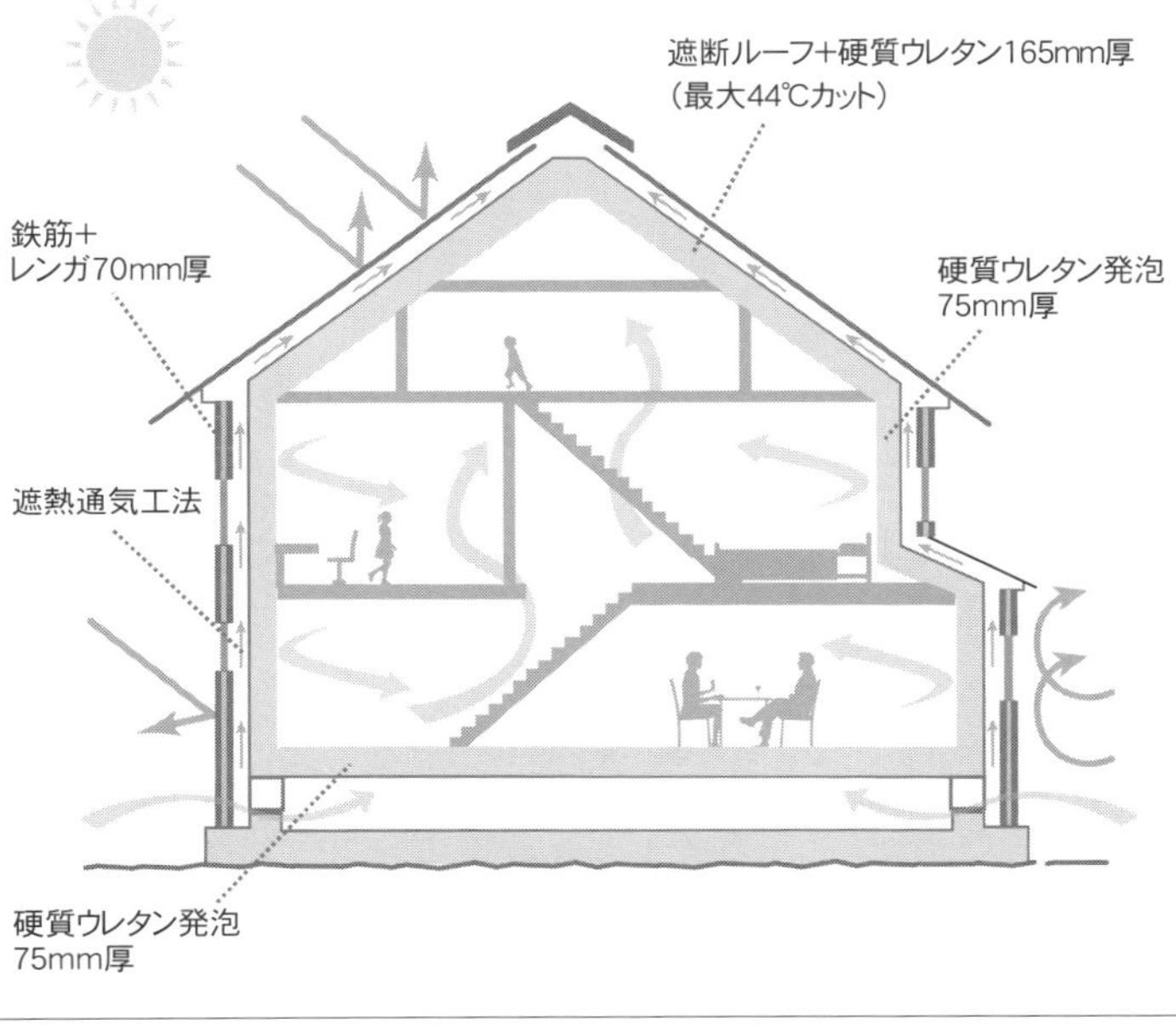

ているように……。しかも、中に耐震補強金具を入れながら積むので、震度6強の地震にも耐えられる構造なのだそうです。だとしたら、それはまさしく私たちが思い描いていたとおりの、丈夫で長持ちする石造りの家ではないでしょうか……。

営業してこない「変わった会社」

この会社の変わったところは、一度訪れた客に対して、その後の営業をかけてこないことでした。たまに機関誌が送られてくる以外、何もないのです。住宅展示場で名前を書いたら最後、電話と訪問によるひっきりなしの営業攻勢に慣れていた私は、「営業に来なくて大丈夫なのか」と心配すらしてしまいました。

まるで子どもに旅をさせるように、自由にいろいろな住宅メーカーを回らせ、自分で気がついて戻ってくることを待っているかのような姿勢でした。私たちも、この日からさらに2年間、いろいろな会社や土地を回り、ああでもない、こうでもない……と夫婦で話し合いを続けていたのです。新築の建売住宅も見て回りました。ですが、やはりどれも私たちの気持ちをつかむまでには至りませんでした。

変わっていた点は、それだけではありません。何か尋ねたいことがあっても、会社を訪ねるのに「予約」が必要なのです。もちろん予約しないと会ってくれない、ということはありませんでしたが、これも他の住宅メーカーでは考えられなかったことです。

また、社員が皆、明るくて気さくでした。それでいて営業スマイルや営業トークを感じさせなかったことも印象に残りました。そのことは、他の施主さんたちも口を揃えて褒めています。

港南台ヒルズを案内してくれた桜田さんは、かつて大手メーカーにいた方です。彼の「この会社はやりがいがあります」「いい家を建てています」という言葉には、控え目なが

ら本気を感じました。

さらに、「地球環境に貢献する家」をアピールしていたこともユニークでした。

行き着いたのは「白レンガ」のモデルハウス

せらら工房を初めて訪れてから2年後の2007年の秋、グループ会社のモデルハウスを見に行きました。それはレンガではなく、ぬり壁の「暖かい家」でした。私たちの絞り込んだ条件を満たしています。けれども、外壁が「石」ではないことで、その家も決定打にはなりませんでした。

その翌年、せらら工房が新しく造った白レンガのモデルハウス「ジュエル」がオープンしました。2008年7月、広告に惹かれて私たちが見に行ったとき、「これはいいなあ」と二人とも思いました。もともとレンガの家には惹かれていたのですが、それまでのモデルハウスは赤レンガだったので、見た目が重いことに引っかかっていたのです。

真っ白なレンガは、まるで白く輝く宝石のように見えました。レンガの外壁は色褪せないので、その輝きも褪せることはありません。その「白レンガ」のモデルハウスを見た瞬間、私たちは心の中で「これだ！」と即決していたのでした。とうとう、納得できる家にたどり着いた瞬間でした。

ふわふわじゃない「断熱材」があるなんて……

私たちが最後まで迷っていた二つの住宅メーカーにはなくて、せら工房にはあったもの——それは、年間を通して変わらない「断熱効果」でした。

大手の住宅メーカーが施工している建築現場を通りかかると、断熱材が壁に取り付けられている様子をよく目にします。ビニールやアルミに包まれたふわふわの、まるで綿帽子のような断熱材やグラスファイバーやロックウールです。

私はそれが家の壁に張り巡らされ、そのビニールが風にあおられてパタパタと音を立てている光景を目にするたびに、素人目にもこんなに不確かで、長持ちしそうにない断熱材で大丈夫なのかと思っていました。鉄筋や木材で造られた壁に、丹前を着せているようなイメージだからです。いかにも水分を含んでしまいそうだし、湿度の高いこの国ではそこにカビが発生することが容易に想像できます。

けれども、せら工房は別の断熱方法をとっていました。それは、柱と柱の間にウレタンを吹き付ける方法でした。ウレタンを吹き付けた後、遮熱シートで壁と屋根を囲み、さらに少し空気の層を設けた外側にレンガの壁を積み上げるのです。それは、見た感じも、とても暖かい印象を受けました。

最近の住宅雑誌を見ると、「わが社は外断熱での施工です」と謳うメーカーが多くなっています。外断熱がいいらしい……という風潮ができたために、メーカーの営業もそれで顧客の心をつかもうとした結果、全国的な謳い文句になったのでしょう。

でも、「内断熱」対「外断熱」という構図は、どこか本質的な議論になっていない印象を受けます。内断熱でも外断熱でも、それが結果的に優れた断熱・遮熱効果と遮湿効果を生み出さなければよい家にはならないのです。

それなのに、その家がどれだけ断熱・遮熱効果があるのか、どういう仕組みになっているのかという説明が、大半のメーカーにはありません。あるいはその説明が顧客に届いていないのです。そういう私たちの疑問へのすっきりとした解答が、この会社にはありました。むしろ、こちらが尋ねる前に、断熱構造について率先して説明してくれました。そして、そのことが、まさに家づくりにおいてとても重要なポイントなのだということも……。

躯体（骨組み）構造の説明を何度も聞き、長年積み上げてきた断熱へのノウハウに納得したとき、私たちはすっかりこの会社に心を動かされていたのでした。

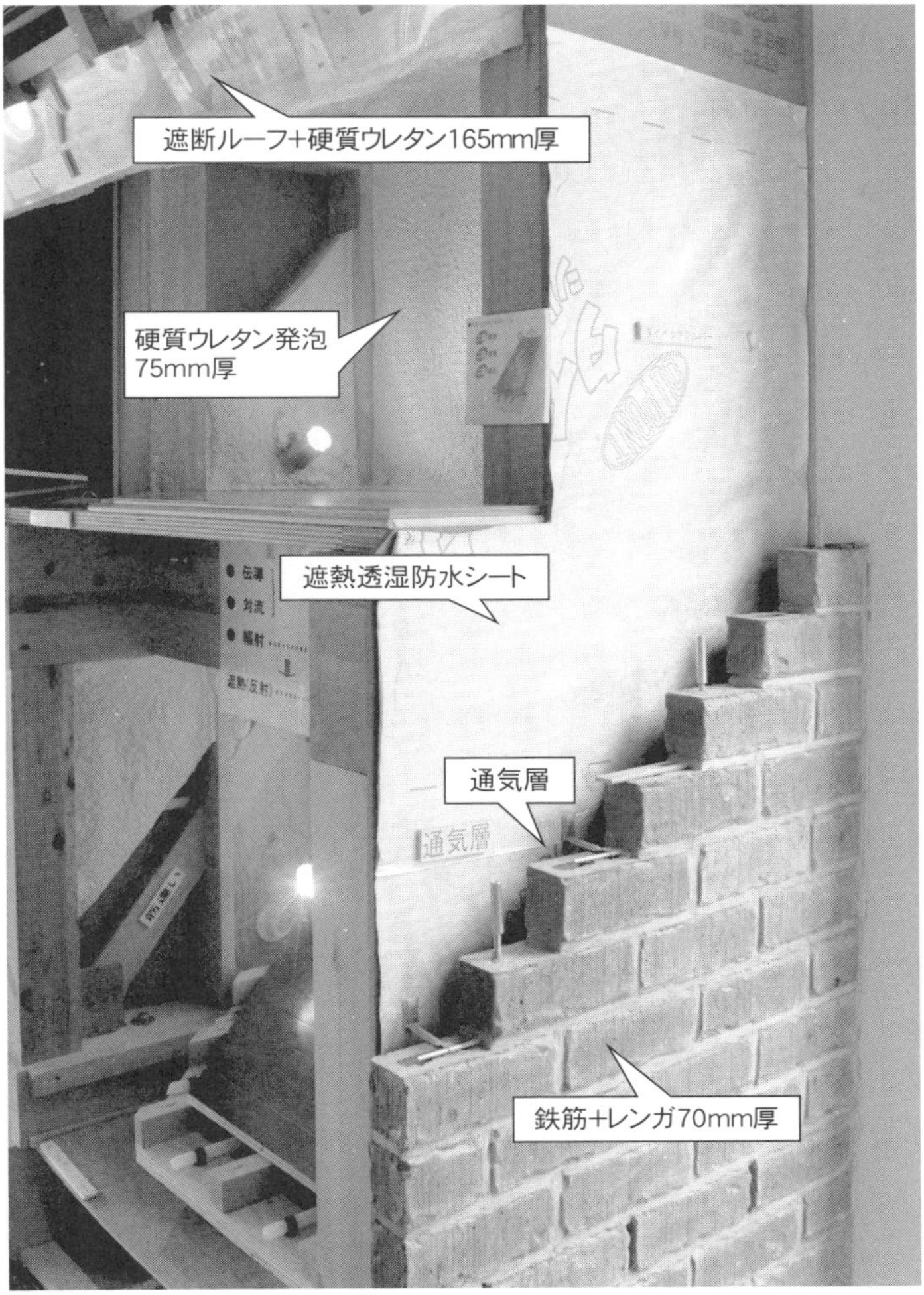
遮断ルーフ+硬質ウレタン165mm厚
硬質ウレタン発泡
75mm厚
遮熱透湿防水シート
通気層
鉄筋+レンガ70mm厚

「レンガの家」断面模型

長期優良住宅の耐震実験

つくば市の公的機関試験場での実験で、阪神・淡路大震災の1.5倍の揺れにも耐えた

はっきりした「コンセプト」の安心感

せらら工房のコンセプトは、はっきりしていました。何をもって「いい家」とするのかの考え方が明確でした。

「長持ちして、100年は建て替える必要がない」「家を維持していくメンテナンスコストが安い」「高断熱・高気密で冷暖房費が節約できる」「丈夫で地震や台風、火事にも強い」——これだけでも魅力的ですが、快適な住まいであると同時に、「地球環境や温室効果ガス削減に貢献ができる」住宅であることも標榜《ひょうぼう》していたのです。

地球環境への貢献など、一人でできることは限られていますが、そんな家に住むことで、

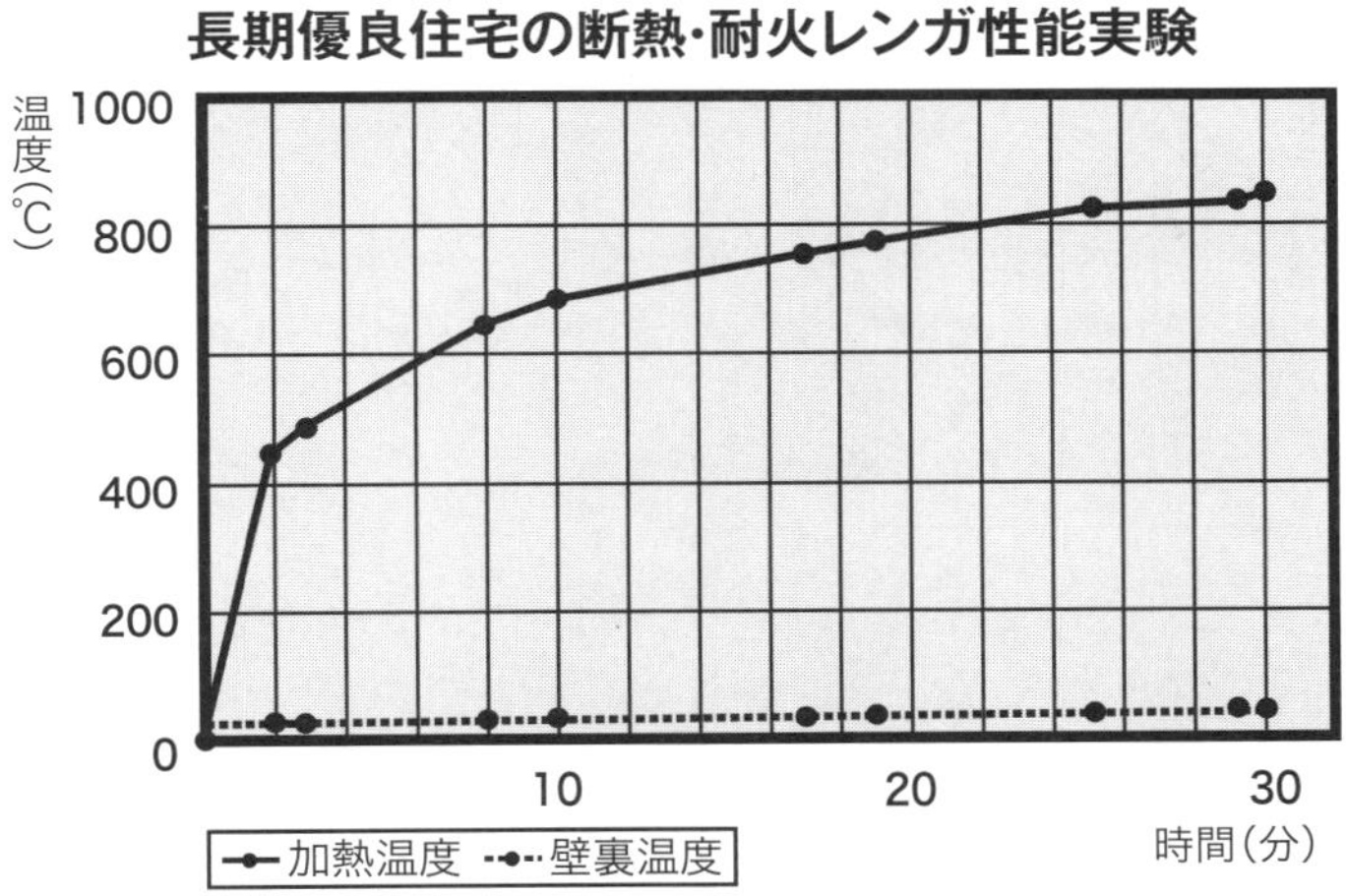

1000℃近い熱をレンガの壁に30分加えても、室内側の壁は何と2℃しか上昇しない
(吹田市の公的機関試験場での実験結果)

小さな効果が積み重なり、時を経ることで大きな力になっていくのではないでしょうか。暑さや寒さから建物と人を守ってくれる。建物自体がシェルターの役割を果たしてくれる。これこそ私たちが探していた本物かも！と、ふたりとも思えたのでした。

私たちがジュエルを訪れたのは7月。そして主人が「家を建てるぞ！」と突然宣言したのは翌8月のことでした。私はもっと先の話だと思っていたのでびっくりしたのですが、主人は息子の年齢（中学1年生と小学４年生）と自分の年齢（45歳）などを考えて、今がベストの時機だと判断したのでした。

それからは、実際にレンガの家を建てた方のお宅に、主人が一人でお邪魔することが続きました。実際に住んでいる方の語る住み心地こそ、一番説得力があり、真実だということで、岡山さんが紹介してくれたのです。印象に残ったのは、そのお宅の多くがお医者さんなど、いわゆる理系の仕事をしている方だったことです。せらら工房の躯体構造は、理にかなっていて理論的なので、理系の人のハートをぐっとつかむのかもしれません。

皆さんが口を揃えて言ったのは、「とにかく快適で住みやすい。ここに頼んでよかった」ということでした。少々誉めすぎに思えるかもしれませんが、今、住人となって、私もこの言葉を日々口にしています。それが真実の気持ちだからです。

マイホームは…
結婚18年目の…
僕からの君達への
プレゼントだ!
どうぞー
ワーイ!
ワーイ!
…って何で、私の口座から
毎回落ちてるの?
残高を
ご確認の上…
普通預金
ローン
ローン
ローン
残高
ガーン…
ブル
ブル

実は、大手の住宅メーカーの社員や役責者の自宅も、せら工房が多く施工しているという実績があるとか。ライバル社の社員でも良さを認めざるを得ない、そんな力があるのかもしれません。こうして私たちは、この工務店に大切な我が家をお願いすることにしたのでした。

PART 2

「最高の家づくりプロジェクト」始動！

楽しみも苦しみも分かち合う建設計画

給与明細からのおつきあい

私たちの人生において、出会ってすぐに給与明細を明かさなくてはならないなどという相手は、めったにいるものではありません。「はじめまして。ところで年収はおいくらですか?」……住宅メーカーは、そういう相手です。

預金通帳のすべてから毎月の給料まで、家族全員の分を把握されてしまいます。ローン返済のシビアな話が待ち受けているからです。そこに信頼関係が生まれなければ、先に進めません。そんなプライベートな情報も安心してさらけ出し、相談に乗ってもらわなければ家は建たないのです。それは私たちにとっては初めての、たいへん新鮮なおつきあいでした。

長期優良住宅の見積り金額は、通常の住宅よりもやはり割高です。そのための補助金などを計算しながら、手の届く範囲で家を建てなくてはなりません。

初回の打ち合わせから家の完成まで、大まかに言えば次のようなスケジュールになりま

したが、その間、ずっと予算との戦いでした。

①初回打ち合わせ（向こうから説明を聞き、こちらの予算や希望のプランを伝えます）
②敷地調査（地盤や設備の状況などを調べます――敷地調査実施費用がかかります）
③打ち合わせ（設計図と共に、見積りが提示されます。融資の相談も必要です）
④契約（正式に家の建築をお願いします――着手金と設計料が必要です）
⑤設計の打ち合わせ（諸官庁への手続きやら申請やら、ややこしいことも入ります）
⑥内外装の打ち合わせ（コーディネーターと話し合い、それで予算が変わります）

⑦着工式（初めて職人さんたちと顔を合わせます）
⑧解体工事（古い家を壊します）
⑨地盤調査（調査費、保証料、必要に応じて補強工事費がかかります）
⑩着工（いよいよ工事開始です！）
⑪基礎完成（頑丈なコンクリートで土台を造ります。配筋時に支払いが発生）
⑫上棟（ここでまた支払いが発生します）
⑬木工事完了（大工さんの工事が終わり、仕上げの工程に入ります。支払い発生）
⑭竣工（工事の完成――また支払いが発生します）
⑮引き渡し（とうとう家が手に入り――さあ、ローン返済の開始です！）

条件にピッタリの土地が手に入った

せらら工房と建てようと２００８年8月に決めて、すぐに土地を探し始めました。

条件は、今住んでいるところと同じ小学校のエリア内で、できればバス停が近いこと……そう思ったのは、この地域を離れたくなかったからです。

私は子どもの小学校入学と同時にＰＴＡ活動に力を入れていて、そこでできたコミュニティーがとても大切なものになっていました。子どもの頃から転勤族だった私は、ゼロから人間関係を作っていく大変さをよく知っています。ですから、これまでの生活圏を変えずに新しい生活をしたいと思っていたのでした。

驚いたことに、翌月の9月にぴったりの土地が見つかりました。希望どおり、それまで住んでいた家から歩いて5分の場所でした。私たちがお願いしていた不動産会社の担当者が、売地の情報を見た瞬間に「これは花田さんの土地だ！」と思い、その情報がチラシで行き渡る前にファックスをくれたのです。

私たちはそれを受け取った夜、すぐに見に行きました。そして見た瞬間に「あっ、ここだね」とふたりとも思ったのです。

その土地には、まだ古い家が建っていました。すでに空き家になっていましたが、かつてどんな方が住んでいたのかは、庭を見ただけでわかりました。前の持ち主は、絶対に私たちと縁があると思えました。

駐車場が2台分という、この地域では珍しい条件も我が家にはぴったりでした。売るほうも買うほうもお互いを見ていたような気持ちになり、私たちは見えない何かに背中を押されるように即決しました。

「敷地調査は有料」という誠実さ

土地が決まったところで、翌10月に「敷地調査」が入りました。敷地の形状や隣接地の状況を見て、法的に問題がないかどうかを判断し、面積や高低を測量し、水道・ガス・電気などの設備状況を調べ、地盤の地耐力を調べるのです。これには約10万円かかりました。

この敷地調査を無料サービスでやってくれる住宅メーカーもありますが、その仕組みには疑問を感じます。敷地調査をした後で、見積りが出されるのですが、結果的に契約に至らないケースも少なくありません。その調査にかかった人件費などは、契約が成立した人たちが分担して払うようなものだからです。そういう理不尽な仕組みをとらない毅然とした姿勢が、この会社にはありました。

「米のとぎ汁」から始まった設計

私たちは岡山さんに誘われて新しくできたレンガのモデルハウスを見に行きました。そこで、たいへん若い森さんという男性を紹介されました。近くで建築中の「白レンガの家第1号」の作業現場まで、彼が運転する車で連れて行ってくれるとのことです。

小池徹平似の童顔で、ニコニコと笑顔が絶えない森さんを初めは営業マンかと思っていたのですが、車中で話しているうちに、どうやら設計士らしいということがわかってきました。しかも資格取得が難しい「一級建築士」で、これから見に行く白レンガの家も彼が設計したらしい……もちろん口にはしませんでしたが、「こんなに幼い顔なのに」と、内心びっくりしていました。

山を背にした建築中の家は、モデルハウス「ジュエル」で見た真っ白とは違い、ベージ

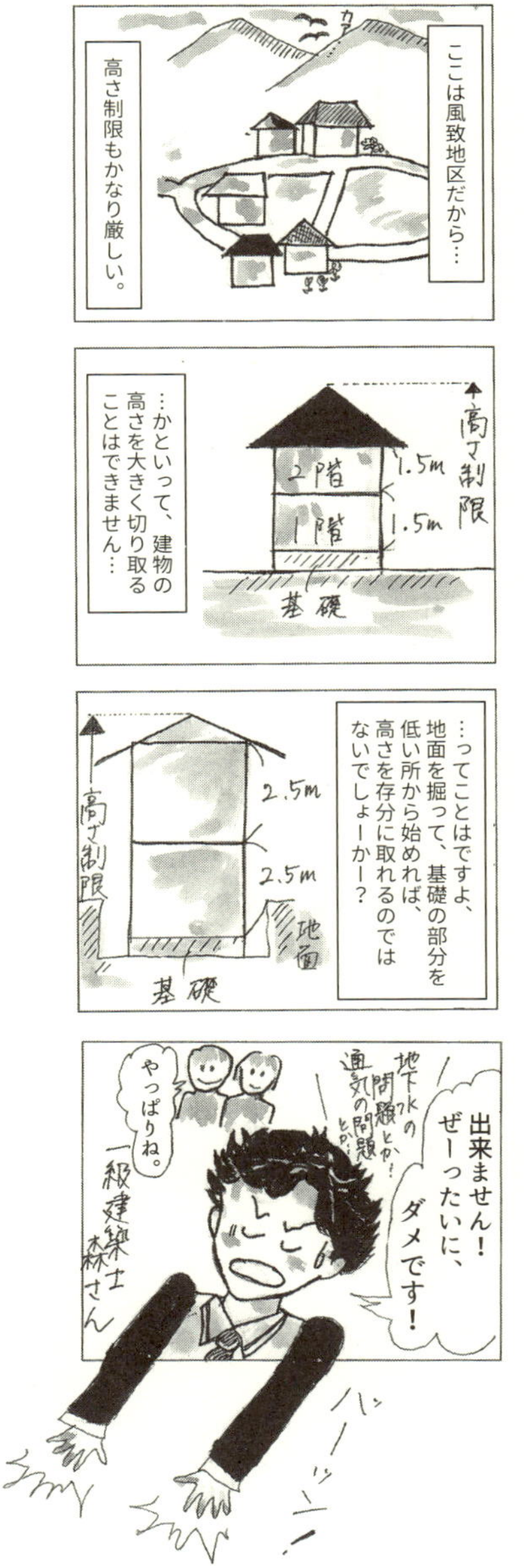
ここは風致地区だから…
高さ制限もかなり厳しい。
高さ制限
2階
1階
1.5m
1.5m
基礎
…かといって、建物の高さを大きく切り取ることはできません…
…ってことはですよ、地面を掘って、基礎の部分を低い所から始めれば、高さを存分に取れるのではないでしょーかー？
2.5m
2.5m
高さ制限
地面
基礎
出来ません！ぜーったいに、ダメです！
地下水の問題とか！通気の問題とか…
やっぱりね。
一級建築士森さん

ュがかったものでした。

帰りの車中で、どうやらこの森さんが私たちの家を設計してくれるらしいことがわかってきました。こちらはそうとは知らずに、実際の建物を見ながらいろいろな話をして打ち解けることができたわけです。

これが、私たちの家のプランや外観などを担当してくれる「意匠設計」の森亨介さんとの出会いでした。

森さんは童顔に似合わず男性らしい感性の持ち主で、機能重視とシンプルさを追求するセンスと繊細さを併せ持った方でした。こちらの希望に合わせて少しずつ設計図が変わっていくのですが、それを見るたびに、どうしてこんなに自分たちの気持ちがわかるのだろうと不思議に思っていました。

1回目の打ち合わせで私がせらら工房に伝えたこと。それは、総2階で、下に寝室、上にキッチンとリビングルームとお風呂がほしいこと。さらに……、どうにかして2階のキッチンから、生ごみ・米のとぎ汁・野菜の煮汁などを、家の中を通らずに庭の植物に撒くルートを確保できないか……ということでした。

2回目の打ち合わせでは、私たちの希望を過不足なく取り入れた設計図を用意していました。米のとぎ汁などを運ぶルートについては、2階のキッチンから直接外に出るウィンドウタイプのドアを付け、その周りを階段付きのウッドデッキで囲むという方法で解決していました。

「2階の台所から庭に直接行きたい！」——こんな突拍子もない要求から生まれたこのデッキは、実際にはいろいろな機能を発揮してくれました。まず、買い物から車で帰ったときにトランクからキッチンへそのまま荷物を運び込めます。子どもが小さかった頃は、泥だらけで帰宅しても、外で手を洗いお風呂に直行できました。

キッチンと水まわりなどは主婦の動線が機能的に考えられていて、これ以上の設計はありませんでした。外側のデザインもとてもおしゃれでした。私たちはその場でOKを出し、残りの打ち合わせでは、窓の形や窓際のベンチや造り付けの棚の位置などの細かい部分を詰めるだけでした。

こだわりの「スケッチブック」が奏功

初めての設計打ち合わせのときに、私は1冊の大きなスケッチブックを持参しました。

それは、住宅展示場で集めたパンフレット、住宅雑誌、新聞の折込みチラシなどから切り

私のこだわりと憧れが凝縮された「スケッチブック」

抜いた写真や図面などをべたべた貼ったスクラップブックです。「家を建てたいな」と漠然と思っていた頃からずっと温めてきたもので、欧米のプール付きの家やお城のような瀟《しょう》洒《しゃ》な家の写真もあれば、私が手書きした設計図もあります。

植民地下の東南アジアの洋館のイメージ……、それが私の憧れであり、そのスケッチブックは私の憧れをちりばめたものでした。もともと主人には呆れられていた代物で、「これ持ってくの？　誰も理解してくれないよ」と言われたのですが、私のイメージを伝えるにはこのスケッチブックが一番でした。

打ち合わせの場でそれを見せたときには、かなり驚かれました。

その席には岡山さんの他に、インテリア・コーディネーターの加田奈美さんがいたのですが、加田さんには「こんなにスゴイのはできません」と言われてしまいました。でも、それと同時に「花田さんのイメージはわかりました」と言ってもらえたのです。

その日、私はスケッチブックをせらら工房に置いていきました。後で聞くと、社員が皆で回し見てくれたそうです。スケッチブックを通して自分の「好み」を伝えられたのは、後々までとても役に立っていたと思います。

この加田さんという女性は、当時まだ20代だったのに落ち着きがあって、理想の内装を実現する魔術師でした。もともと内装にこだわりのあった私は、果たして自分のイメージを上手に伝えられるんだろうか……、と不安に思っていたのですが、彼女はこちらの言葉を受け取って、スケッチ上にイメージを立ち上げる素晴らしいコーディネーターでした。

私たちが彼女に伝えたイメージは、まず白とブラウンという統一した色、そしてアジアンテイストで、インドネシアやベトナムなどの旧植民地で建設された白い洋館のイメージということだけです。白い洋館については現地で撮影した写真を添えて、他の細かいところは雑誌の切り抜きや言葉で伝えました。

私たちが伝えた言葉から彼女がイメージして書き上げたスケッチと、実際にできあがった内装の写真を比べて見てください（次ページ参照）。彼女がいかに建て主の好みを汲み取り、それを形に表わす技術を持っているのかがよくわかると思います。

①キッチン

キッチンにはシンク（流し）が二つあります。一つは窓に面し、一つはリビングのほうを向いています。私は食器やお鍋を洗いながら、同じ場所で野菜を洗ったり料理したりするのは衛生的でないと感じていたのですが、分けたことで不潔感が払拭されました。窓の外を見て気分転換しながら食器を洗い、家族の顔を見ながら楽しく料理をしています。同時進行で効率もいいし、大勢でにぎやかに料理することもできます。

②窓のベンチ

南向きの出窓の下に造り付けのベンチを置くのは、私の長年の夢でした。そこで読書をしたり、好きな刺繍をしたり、帰ってくる家族を迎えたり……、窓から射し込む光が作る明るい陽だまりの中で過ごす時間の、なんと贅沢なことでしょうか。

キッチン

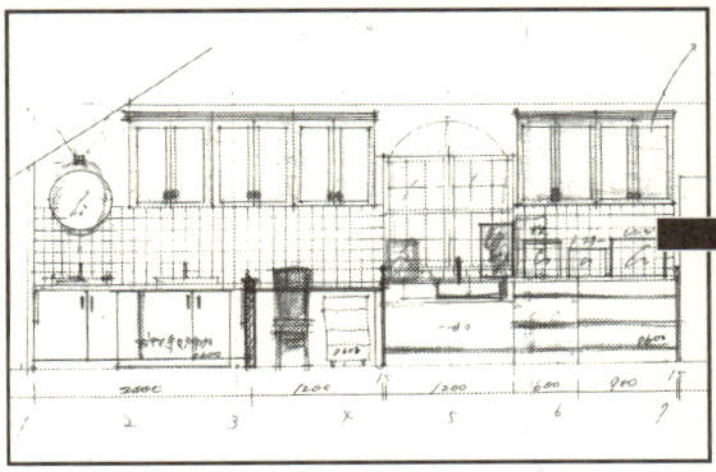

加田さんによるイメージ図

実際の写真

窓のベンチ

加田さんによるイメージ図

実際の写真

ペデスタルシンク（足付き洗面台）

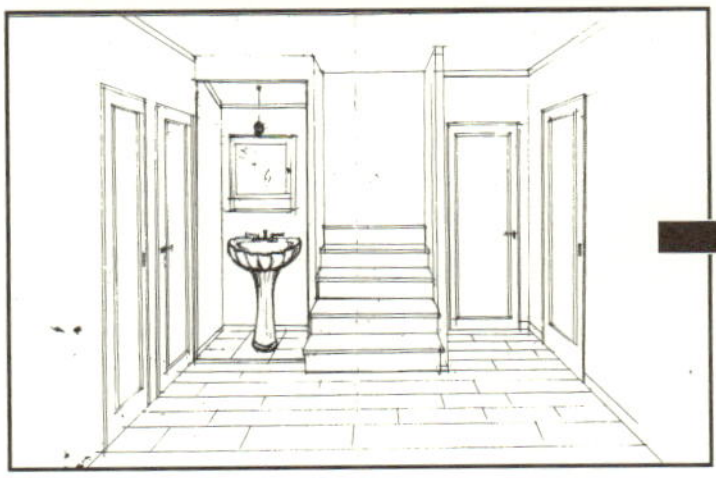

加田さんによるイメージ図

実際の写真

③ペデスタルシンク（足付き洗面台）

水まわりが2階に集中しているので、玄関を入ってすぐの場所に「手洗い場」を設けたいと思いました。家に入ってすぐ見えるところなので、なるべく洒落た感じのデザインを希望しました。エントランスはこのシンクとホール脇の絵によって、プチホテルのような雰囲気になり、とても落ち着く空間になりました。

こうして間取りと予算が決まり、私たちは正式に「契約」（建築工事の請負契約書）を交わしました。10月下旬のことでした。

削れる予算・削れない予算

長持ちして品質の良い物が、それなりに値が張るのはあたりまえのことです。せらら工房は品質の良いものを提示し、それにかかる費用を具体的に詳細に示してくれました。そして、生活に不便を感じないものから削っていくことを勧めてくれました。それは私たちの選択基準にとても合っていました。私たちは、少しだけ無理をしても、良いものにはお金を使いたいと思っていたからです。そのためになら仕事も頑張る！　という活力も湧いてくるというものです。

こんなことがありました。当初、私は2階のトイレの床を、水で洗い流せるタイプにしたいと思っていました。それは息子たちがよく汚してしまうからです。ところが、その案に対して、設計士の森さんが反対しました。「お子さんたちが汚したときに、自分で拭くようにさせることが教育です」。私が希望したタイプにすれば、価格が高くなって会社の利益も増えるのに、そうしなかった彼の助言に私は本当に感動しました。

絶対に削ってはならないもの、それは家の躯体（骨組み）と断熱・気密等の性能でした。できあがってしまえば目に見えませんが、家の寿命を左右する核であり、家の命とも言える部分です。どんなに美しい人でも、骨が丈夫でなければ健康な生活を送れないのと同じです。せらら工房は、そういう説明を、とてもわかりやすく合理的にしてくれました。

費用の概算は、最初に「間取り」が決まった段階で提示されます。その後で「内装」の仕様を詰めていき、詳細見積りが出てきます。窓は……、ドアは……、床材は……、屋根は……と一つずつ決めていくのですが、最初の見積りは会社の標準仕様に基づくもので、こちらが例えば「窓は標準のタイプではなく、円形がいい」と言えば、それで見積りが変わってきます。困ったことに、スケッチブックを見て私の好みを把握した加田さんが提案してくれるものはどれも素敵で、だんだん夢がふくらんでしまうのを止めることができません。

けれども、自分の理想を求めていけば、それなりに値が張ります。すべてを手に入れることは、予算上できません。すでに建築が始まった後も、私たちは手に入れたいものの代わりに何か削れるものはないかと、ぎりぎりまで試行錯誤していました。

それは本当に大変な作業でした。でも、出口が見えそうもなくなったときに、活路を見出すための工夫を重ねることは、とても創造的な作業でもありました。削るべきもの・削りたくないものを客観的に考えるきっかけにもなり、充実した時間だったことも確かです。

最大の危機・予算オーバー!

夫婦の間で、一番の葛藤があったのが床材です。私はモデルハウスで見た「アルダー材」がとても気に入っていました。カナダから輸入された木材で、その色、風合い、軟らかさ、温かみにすっかり魅了されてしまったのです。でもそれは、標準仕様の床材の3倍もする高価なものでした。ですから主人は諦めるように私を説得したのです。でも私は、何がなんでも譲りたくありませんでした。

「もっと働くから！」

と言い張る私に、内心はアルダー材に惹かれていた主人も最後は根負けしました。

いわゆるリーマンショックの直後だったこともあり、主人にとっては内装の仕様を検討するたびに増えていく予算が本当に頭痛の種でした。追加仕様があるたびに、主人は重い気持ちでハンコを押していたそうです。

次のメールからは、彼が苦心する様子がわかることと思います。

岡山様

お世話になっております。

お陰様で、いよいよ詰めの段階となりました。この間、皆様のおかげで、たいへん素晴らしい家になってきました。特に内装関係では、加田さんの才能、お知恵により想像以上に素敵になっています。キッチンなんかは、なかなか見かけない空間になっており、雑誌にでも載せたいぐらいの素晴らしさです。

一方、嵩むものも嵩み始めています。

現状で、ローンをはみ出す分が約575万円になっています。解体費用、残土処理、未だ若干の不確定要素もありますが、目標として、何とか300万円ぐらいに収まらないかな？と思っています。（やはりアルダー材も捨て難いです）

そこで、削りしろですが、おおよそ以下の程度でしょうか。
・太陽光　約100万円でしょうか？
・個別エアコンが現状83万円になっています。これには、新規で購入するもの、埋め込みにする費用も入っています。が、これを単に既存の2つを取り付けて頂くだけにしたいと

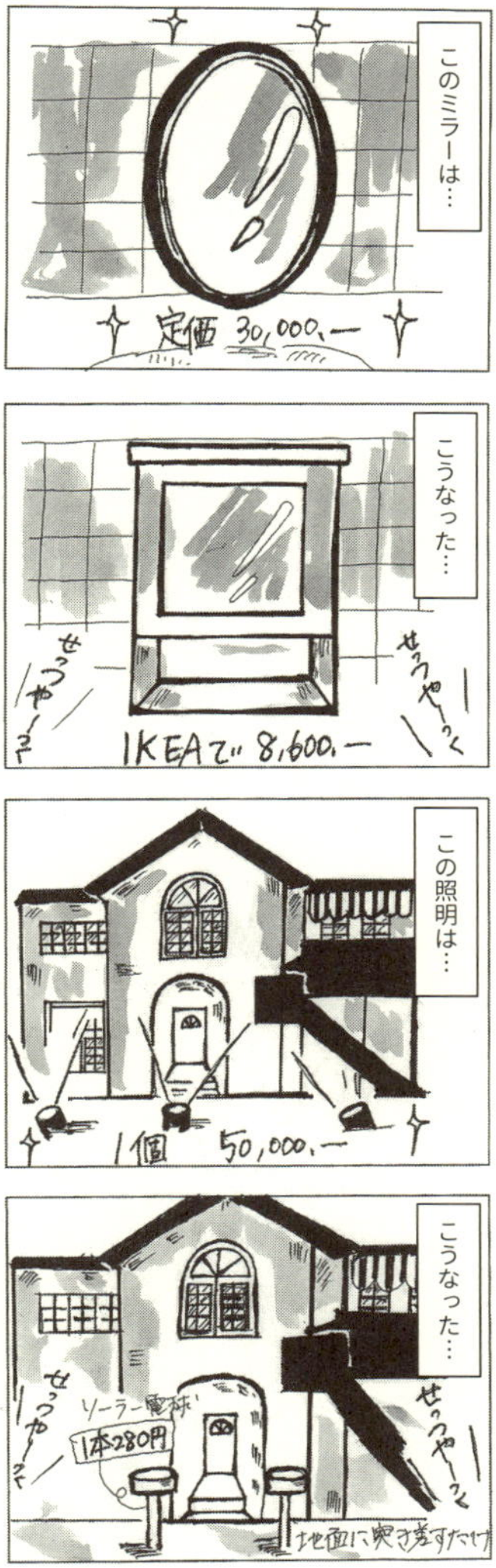
このミラーは…
定価 30,000.—
こうなった…
IKEAで 8,600.—
この照明は…
1個 50,000.—
こうなった…
ソーラー電球
1本280円
地面に突き差すだけ

思います。設置箇所によっては、隠蔽配管にする等の費用もかかるでしょうが、そうすれば（基本的には取り付けだけ。最低限の配管工事）、10万円みておけば済むでしょうか。

・フラワーボックスと手摺で約16万円ですが、何とか6万円程度のものが無いでしょうか？

・電気配線では、計算ミスで確か、4万円程度の減にはなるようですが、少し多く付けすぎているので、合わせて10万円減位にはなるでしょうか？

・あとは照明関連です。天井部分を照らすもの等、ここもちょっと贅沢し過ぎかもしれません。家自体を照らす照明も、かみさんはそれほど拘っていないのでやめようかと思っています。天井のものも含め、削減すれば照明器具65万円から20万円位は削減できるでしょうか。あと、なるべく石丸電気等で購入するとか。
以上で、約210万円の減です。300万円には、あと65万円。どこまでかんな削りできるか、ということでしょうか。花田（旦那）

これに対して、せら工房の岡山さんも本当に親身になって考えてくれました。

花田様
こんにちは。メールいただきました。
出来上がりが本当に楽しみないいお家ができそうで、私も今から楽しみです。
ご相談の件ですが、なんとか275万円削減計画プロジェクトで頑張りましょう。
電気配線と照明器具で、なんとかマイナス30万円の予算を出すようにします。
太陽光発電は一応メーターなどすべて込みで、120万マイナスさせていただきます。
フラワーBOXは、アイアンタイプでなければそれぐらいの価格でできますが、

このタイルは…
こうなった…
標準仕様のフローリング
この人は…
こうなった…
誰がじゃい！
モクモク

アイアンタイプですとかなり厳しい感じになると思います。

エアコン工事は取り付けこみで問題ないですが、いくらぐらいになるか、今、ダイキンの再加熱商品で、２・２キロ新品・材工共10万円で提供できます。

隠蔽配管するのはあまり賛成できません。

買い替えを考えた時、２台のみなら新品２台20万円がお得かと思います。

フラワーBOXは必須要件ですか？

アイアンでないアルミだとレンガに負けてしまいそうな気もします。

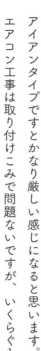

その他、何かないか考えてみます。いずれにしても、図面を見ながら検討し、来年早々体験宿泊の折りにでも、最終決定に向けお話ししたいと思います。

岡山

着工式までの道のり

こちらの思いを超えるプロの技

予定どおりに事が運び、話していたとおりの形に仕上がる――それも一つの理想でしょう。でも、そればかりの人生では楽しくないのではないでしょうか。問題にぶつかったときに、相手を信じ、何か工夫できることはないかと互いに知恵を絞っていく過程は、人生の醍醐味だと思います。そして、スムーズに事が運ばなかったにもかかわらず、仕上がったものが初めに考えていたものよりもずっと良かったときほど、嬉しいことはありません。

自分があらかじめ考えていたものが、必ずしも最高とは限りません。自分にとって理想だと思っていたことでも、少し視点を変えれば違った側面が見えてきます。

家づくりでも、私が考えていた不充分なものをプロが温め直した結果、想像をはるかにしのぐ最高傑作として目の前に現れたとき、人生は愉快な驚きに満ちていると感じました。熟練したプロの手にかかると、そういうサプライズが次々に現れてきます。人の持つ才能や可能性の大きさは、自分の小さな器では計り知れないものだと、つくづく思うのです。

私たちの家づくりに携わっていただいた方々との出会いは、そんな驚きと楽しみの連続でした。

一級建築士さんから始まり、コーディネーターさん、現場監督さん、解体屋さん、残土屋さん、基礎屋さん、水道屋さん、電気屋さん、材木屋さん、大工さん、レンガ職人さん、タイル・畳・クロス屋さん、ガラス屋さん、掃除屋さん、外構屋さん……さまざまな職種の人が次々に登場してきました。その中には、それぞれの仕事の間に現場をトラックで回りながら、作業で出たコンクリートなどの大型ゴミを回収する業者さんもいました。

それはまるで、何か素敵な劇――創業者の松本祐氏がプロデュースした松本劇場――でも見ているようでした。それぞれの立場の方が昼夜を問わず真剣に取り組んでくれる姿は、感動的ですらありました。トラブルやクレームすらバネにしながら、より良い形に仕上げようと力を注いでいる姿は、人として「尊敬」の一言に尽きました。

一つひとつの工程が終わるとき、次はどんな職人さんと出会えるのだろうと、私たちは毎回わくわくしました。そして、すばらしい職人技の向こうに、一人ひとりの人生の大きなストーリーもありました。

家づくりって、本当は楽しい！

家は人が建てるものであり、家づくりは多くの方々との共同作業です。このあたりまえのことを、私たちは今回、多くの方々から教えられました。

私たちは、家づくりがこれほど楽しいものだとは想像していませんでした。それは先に家を建てた多くの先輩から、大変な作業だと聞いていたからです。なかには「家づくりは忍耐。自分の要求を一つひとつ減らしていかなくてはならない、まさに苦しみの時間」と言い切った方もいるほどです。

ですから家を建てるにあたって、始まる前はかなり心の距離を置いて、あまり期待しすぎないようにと構えていました。けれども蓋を開けてみると、顧客に対しても「できないものはできない」とはっきり伝えてくれる厳しさと優しさに、本当にいい家を建てようと思っているという強い意志を感じたのでした。

本当に、この大きな作品に関わったすべての方が、施主の言葉に向き合い、一緒になって真剣に考えてくれました。話を重ねていくうちに、この家にとって一番いい形が、まるで初めからその形になりたかったかのようにできあがっていくのです。家づくりへのすべての動きが必然のものだと感じさせる不思議な感覚があり、いつも一番いい形に仕上がっていく……その連続で、いつの間にか思い描いていた家ができた気がします。

メールのやりとりで仕様を詰める

インテリア・コーディネーターの加田さんと交わしたメールから抜粋します。彼女が一生懸命に施主の相談に乗ってくれたことが、文面からわかるのではないでしょうか。

まずは、主人の身長が高いので、洗面台などを普通よりも高くしたいという希望を伝えたものから。

花田様

カウンター高さは80センチほどになります。

少し高いような気もしますが、細かい作業には少し高めのほうが向いていますので、少しご自宅でシミュレーションをして頂ければと思います。

せらら工房　加田奈美

加田様

カウンターの高さですが、洗面台の高さも、それに合わせて普通よりも少し高くなったほうが、主人などは洗顔のとき、楽かなぁと思います。今の家の洗面台の高さは低すぎて、彼は中腰で（がにまたとも言う）顔を洗っているので、それはそれはすごい風景です。

花田

私にも主人にも、こだわりがそれぞれにありました。

例えば私は、趣味のグラスリッツェン（エッチング）を、ポプリを入れるガラス瓶に施して、台所の青い吊り戸と天井との間に飾りたいと思っていました。

一方で、クラシック音楽が好きな主人は、新居にBOSE社のスピーカーを取り付けることが夢でした。そして、階段を上がったところに付けるはずだった扉を予算の関係で削ったため、その場所にCDラックを取り付けられないかと思いつきました。

加田様

吊り戸の件ですが、23cmあれば本当に瓶にぴったりなのですが、そのことで下の白タイルの工事に不都合が生じるのであれば、20cmのままで大丈夫ですからねっ。

自分でガラスを削って作ったものなので、もしもこのキッチンの上に飾ることができたら、本当に嬉しいです。

CDラックの件、ありがとうございます。

かけこみ的で本当に申し訳ないのですが、ぜひよろしくお願いします。

本当に「数すくなーい」主人の希望は、書物と音……の世界だけなので……。

最近、主人のすねた時に言う決め台詞は……

「どうせ、俺のBOSEなんか、なくなったっていいんだよ!!」

その後、しばらく壁を向いたまま、ひざを抱えています……（あいしゅぅうう……）。
花田

花田様
ご連絡ありがとうございました。
吊り戸の上は23センチご希望ということで検討させていただきます。
天井高がいくつ取れるか……も検討事項にありますので、
もし不可能なようであればご連絡致します。
CDラックの件、あのご主人様が壁に向かってすねているなんて……。
あぁぁ～絶対に成功させなければいけませんね!!
せらら工房　加田奈美

こうして設計図ができあがっていき、11月に「着工式」を迎えました。この着工式は他の施主たちとの合同で、私たちにとっては実際に着工する前の、少し早めの参加となりました。

PART

3

本当にできた「理想の家」！

いよいよ着工！

解体作業、そして地盤調査も無事に

購入した土地には古い家が残っていたので、解体と撤去が必要でした。

土地を所有したことがなかった私たちは、この古い家が残っている頃から、毎日仕事帰りに車で脇を通ってわくわくしていました。まだ何も作業が始まっていないのに、とにかくこれからの工事が楽しみで、何の変化もない現場でも見るのが嬉しかったのです。まるで、初めての遠足を楽しみにしている園児のようでした。

そして、いよいよ古い家の解体が始まりました。大型の重機を入れて建物の大枠を壊す以外は、すべて手作業です。解体された瓦礫《がれき》は、材料別に分別されていきます。全部で3週間ぐらいの大作業でした。

更地になった土地で「地盤調査」がおこなわれました。私たちはその報告書を12月に受け取りました。

年が明け、3月、いよいよ着工となりました。

ビルも支えられる丈夫な基礎

長期優良住宅の基礎——それがどんなものなのか、私は興味津々でした。「基礎屋さん」と呼ばれる基礎業者、いわゆるトビさんが登場し、まずは7・5センチ間隔の基礎配筋が造られていきます。一般的な住宅では25センチ間隔だとか。縦横に張り巡らされた鋼が、いかにも丈夫そうでした。これが生活空間のすべてを支える基だと知り、とても頼もしく感じました。少しの揺れではとても曲がりそうにない細かさです。

その上に大きな枠を設置し、その中に一般住宅なら18N（ニュートン）の強度のところを24Nで流し込みますが、実質のコンクリート強度は30Nまで上がります。この基礎は、10階建てのビルも支えられるほど頑丈なのだそうです。これと並行して、第三者機関による強度の検査がおこなわれます。

仕上がりは、コンクリートってこんなに白くてぴかぴかときれいなものかと思うほど美しいものでした。人の手って……本当にすごい！

後でご近所の方から「本当にすごい基礎だった」と言われました。「こんなにすごい基礎は見たことがない」「次に家を建てるならせらら工房さんにしたい」とさえ言われました。

びっしり張りめぐらされた長期優良住宅の基礎配筋

頑丈なコンクリートの流し込み作業

昔ながらの「棟上げ」工事

基礎屋さんが造ったコンクリートの土台の上に、国産ヒノキで木組みの土台を造りました。この木工事には、棟梁が大勢駆けつけて作業をしてくれました。

骨組みの上に棟木（屋根の骨組みの一番上に使う水平材）を上げる「棟上げ」の日、10名もの棟梁が現場に入ってくれました。たくましい棟梁がそんなに集まるだけで壮観です。

そこで柱を建て、その日のうちに一気に屋根まで組み立てられていきました。どこかの工場で組み立てて現場に持ってくる現代の工法と違い、昔ながらのやり方で造るのです。しかも、国産ヒノキと赤松を使った骨太の木材で。

その迫力ある光景を、主人が息子二人を連れて見に行きました。仕事だった私は、経過を写メで携帯に送ってもらい、休み時間ごとに見て感動していました。道行く方やご近所の方たちが、「今はこうした工法はめったに見られなくなりましたね。いいものですね」と主人たちに声をかけてくれたそうです。

こうして、長期優良住宅の躯体ができあがりました。

そして、家づくりの一つの区切りである「上棟式」を迎えることができました。

国産ヒノキで木組みの土台をつくる

感動してしまった骨太の国産構造躯体

その夜、私たちは感謝の気持ちを込めて、ささやかな夕餉《ゆうげ》に皆さんをお招きしました。


花田様、先日の夜はどうも有り難うございました。

二人のお子様まで一緒の素敵な懇親会に御招きいただき、感激しております。

これからは、現場が主体となります。又、何かご相談させて頂く事も
有るかもしれませんが、その時は何卒宜しくお願い申し上げます。

22世紀への手紙（186ページ）拝読しました。帰りの小田急線で何度も読み返しました。

花田様の家に対する気持ちが伝わり、感激し、目に熱いものが溢れてきました。

どうも、最近歳のせいか……有難うございました。

実施設計　大沢　浩

花田様
先日はとても楽しい宴にご招待頂きまして本当にありがとうございました。
お手紙読ませて頂きました。
22世紀の世の中がどうなっているかは分かりません。

でもきっと花田様邸はしっかりと残っているはずです。

私たちは200年後もきっと残っているであろう家づくりに携わらせて頂いていると思うと、なんともいえない責任感と使命感がふつふつと沸いてきました。

この本当にすてきなお手紙。

お引渡しを迎えた際には、タイムカプセルに入れて、床下に入れておくとか……。

花田様のあったかいお気持ちを是非100年後の誰かに読んでほしい！と思います。

いよいよ木工事が始まりました。先日まで、最後のまとめにかかっていましたが、練れば練るほど、絶対にすてきな家になる！　という自信が溢れてきました。

また、いろいろとご確認とご相談をさせていただくこともあると思いますが、お引渡し時には、今以上に花田様に喜んで頂けるように、花田様チーム、力を合わせて頑張っていこうと思います。

せらら工房　加田

設計士の森さんは、実家の跡を継ぐために間もなく故郷に戻ることになっていました。

私たちとは、この夜を限りにお別れだったのです。ですから嬉しい晩餐の中に、ちょっぴり寂しさも交じっていました。最後に「想像以上にすばらしい設計でした」と伝えた私に、彼が胸を張って応えた一言。

「あったりまえじゃないですか」

そう言って、森さんは立ち去ったのでした。

後で頂いたメールから、少し抜粋します。

花田様

（略）

会長もよく同じ事を申しますが、花田様の家は、私（森）が設計したように見えて、実は心の中で花田様が設計しているんですね。

私や加田の仕事は、花田様の夢に少しだけ花を添えることだと思います。

ぜひ完成時の設計図書と一緒に花田様のスクラップブックも大切に保存してください。

あれこそが花田様の描かれた設計図なのですから。

あのスクラップブックがなかったら花田様がおっしゃるように、未だに間取りの書き直しをしていたかもしれません（笑）

お手紙の内容に恥じないように、自分の夢を追いかけてまいります。

世の中に建築を志す人は沢山おりますが、まだ20代の自分が、家づくりという家族の一大イベントに、設計という立場で参加させていただけることは、本当に恵まれているなぁと、只々感謝するばかりです。

10年後、20年後と花田様が建てられた家の移り変わりを見せていただくことを楽しみにしております。(後略)

まるでジャニーズのような大工さんばかり

棟上げが終わると、水島亮二さんという棟梁のチームだけが残って、内装の工事が始まりました。

私はこの職人さんたちに会うまで、現場にいるのは荒くれ男ばかりだろうと思っていました。棟梁をはじめ大工さんに抱いていたイメージは、白いランニングシャツに白タオルのねじり鉢巻、丸太を片手で担ぎ上げる筋骨隆々の、口数が少なくこちらが何か余計なことを言おうものなら「ド素人は口を出すんじゃねえ!」と大声で怒られそうな……そう、映画『網走番外地』に出てくる高倉健さんです。

ですが実際は、スマートで物腰が柔らかく、真面目で礼儀正しい青年たちでした。スーツを着て働いているビジネスマンと少しも変わりません。口数が少ないところは確かに健さんでしたが、私のステレオタイプのイメージは見事に覆りました。しかも全員が、ジャニーズと見まごう美形ぞろい！

彼らの作業はとても丁寧で素早く、皆がきびきびと動いていることが伝わってきました。出勤する朝7時頃に現場を通ると、若い大工さんが一人で現場周辺をきれいに掃除してい

ます。この家が建つ住宅街の一角の端から端まで……。

「木造住宅は大工次第」とも言われますが、せらら工房ではグループ会社の一つが「社員大工」を養成しているそうです。大工の技術を持ちながら、会社の社員という自覚を持つ、バランス感覚のとれた有能な人材育成だそうです。

この会社で建てた方が皆一様に口にしていたのが、現場の美しさと大工さんたちの礼儀正しさで、ご近所の人たちから施主がほめられるとか。我が家も例外ではありませんでした。あまりにも建築中にきれいにしてくれたので、住み始めてからも外周りをきれいにしなくては、というプレッシャーに押しつぶされそうになるぐらい……。

夜に工事現場を見に行くと、7時半頃でも灯りの中で働いています。親方がいなくて若い大工さんが一人で黙々と作業していることもありました。2階の和室の片隅で木を懸命に切っていた彼の姿は、今も忘れられません。

「遅くまで大変ですね」と言う私に、「はい。でも、もうすぐ帰ります」とにっこり答えてくれた笑顔も……。その一言で、彼がこの一日をどんなふうに過ごしていたか、親方と彼のチームがどんな様子だったかが想像できました。私は「気をつけて帰ってくださいね」と話しかけ、大きな安心感をもらって帰途につきました。

その場で造作を頼んだことも

注文住宅のよいところは、大工さんの了解さえもらえれば、建築中の現場に足を運び、できあがる過程を見ながら、その場で造作（建具などの造り付け）を頼めることかもしれません。打ち合わせのときには思いつかなかったのに、現場に足を運ぶと「ここにあったらいいだろうなあ」と思うようなものが意外にあるのです。もともとの図面にはないものだし、工期の関係もあるので、そんなに大掛かりなものはもちろん頼めないのですが……。

私の場合は、ステンドグラスでした。エントランスに入ってまず目に入る洗面台と、2階に上がる階段の間にある壁に、ステンドグラスが入るとどんなに素敵だろう……と思ったのです。図面上では、ただの壁になっていたところです。

水島さんは手先がとても器用で、作業が早く丁寧なことで有名でした。私の希望を伝えると、通常は壁の下に付ける巾木《はばき》の余材で枠を作り、はめ込んであげると言ってくれました。もう工程が終わりに近づいた頃だったので、私は急遽自宅に戻り、インターネットで検索し、その場所に合うサイズのステンドグラスを探しました。小さくて、上品な感じのブルーのデザインです。駆け込みで持ち込んだステンドグラスは、その三日後から美しい

ウレタン吹き。これだけでも十分な暖かさ

光を放ち、洗面台の明かり採りの役割を果たしてくれています。

現場監督の北嶋さんからは、毎週はじめに進捗状況や、その週の工事の予定がメールで届きました。

壁面や屋根のウレタン吹きも完了しました。例の断熱材です。その厚さは、天井で16・5センチもあるそうです。その後で壁が付き、クロスが貼られていくのですが、私たちはこのウレタンが吹き付けられた段階で、家の中に入ってみました（まあ、このときだけではなく、夜たびたび侵入していたのですが……）。

まだ服を着ていない、いわば裸のような壁面に囲まれたわけですが、それだけで充分な暖かさを感じました。空気がギシッと詰まっている感覚で、「充分に住めるね」と主人と顔を見合わせたのでした。

クロス張りやタイル張りの職人さんたち

工程も後半になった頃、3人のクロス屋さんと2人のタイル屋さんが作業に入りました。クロスは1階と2階で作業員の分担を決めます。脚立を使い、糊の匂いの中で、黙って一日中作業をしています。目張り作業にかける時間のほうが長いそうです。目張りの紙を勢いよく剝がす音、糊を貼る機械の音、そして使用するコテの音に包まれながら、朝早くから日が暮れるまで1人で働くのです。無理な姿勢で長時間作業をするのですから、悲鳴を上げるに違いない身体とつきあいながら……。

クロス屋さんに限らないのでしょうが、そういう職人さんたちの忍耐強さ、集中力の長さがどのように培われていくものなのか、とても興味が湧きました。

残念ながらクロスは、住んでいるうちに古くなって変色するため何十年も持つものではありませんが、あの作業を見ていると、できるだけ長い時間、一つの傷もつけずに大切にしていきたいと思う気持ちが増していきます。

タイルを敷き詰める工程について私は詳しくありませんが、タイルを置き、目地を埋め込んだ後の仕上げに、タイルの曇りを取るためなのか、何度も何度も柔らかい布で愛情を込めて表面を拭き取っていました。自分の仕事をいとおしく思っていることがわかるその後ろ姿を、これからも忘れることはありません。

あるとき、2人いるはずの職人さんが1人で仕事をしていました。聞けば、相方は病気のお子さんに付き添い、定期的に通院しているとか……。

誰もがさまざまな事情を抱えながら、日々を生きています。私がキッチンのタイルの一枚一枚や玄関のタイルのシンメトリーの美しさに胸打たれるのは、そうして家族を支えつつ懸命に働いていた彼らの作業風景を思い出すからです。彼らの仕事への愛情は、家族への愛情の表れでもあります。私は仕事から帰り、玄関のドアを開け、このタイルを踏みしめるたびに、あの職人さんに「お嬢さんはお元気ですか？」と心の中で話しかけるのです。

思い出の品を新しいニッチに埋め込む

この頃、私には心配だったことが一つありました。すでに玄関には扉が付いていて、職人さんたちは毎日鍵を開けて作業を始めるのですが、それは私たちが住み始めてから使う

2階の収納棚にはめ込まれた2枚の大理石

濃い緑の大理石

白い大理石

鍵と同じはずです。職人さんたちは信頼できましたが、やはり不安は残りました。

でも、それは杞憂《きゆう》でした。同じ「錠（差し込み口）」なのに、住人が使う「鍵」と工事中のそれとは違うのです。引き渡し後にもらう本当の鍵は、工事中に使う鍵よりも長いので、一度それを挿してしまえば、短い鍵はもう使えなくなるのです。なるほど……小さなことですが、優れた知恵だなあと感心しました。

ところで、私には新しい住まいにぜひ使いたいものがありました。インドから持ち帰った、２枚の大理石です。

白と、濃い緑の石で、大きさは31センチ×45センチです。それをどこかに、と相談したところ、２階の収納棚にはめ込むのがいいだろうということになりました。２枚の棚板のそれぞれ中央に収める、というのです。

どんなふうになるのか……どきどきしながら、私は大切な思い出の石を託しました。

お金がない！　電気屋さん助けて!!

家づくりの最初から最後まで現場に関わってくれる人——それが現場監督と電気屋さんだとは、家を建てるまで知りませんでした。

電気屋さんは大工さんたちの作業の合間を縫って、必要なときにさっと現れ、てきぱきと仕事を終え、颯爽と去っていく仕事人です。我が家には、テクノ三栄という会社の菅沼淳一さんという電気技師さんがずっと携わってくれました。

まずは家が建つ前の更地に電線を引き、作業中の電源を確保します。基礎ができると、むき出しになった柱の間に配線するために現場に入ります。このとき、歩き回る作業着姿の菅沼さんと初めてお会いしました。電線を体中にぐるぐる巻きつけて、まるでミシュランの広告のタイヤマンのようだなあ、というのが第一印象でした。

電気やインターネットの配線、コンセントや照明の設置、スピーカーとテレビの配線などを一手に引き受け、最後にインターフォンの設置をして彼の仕事は完了、のはずだったのですが……この菅沼さんに後半ずいぶんお手数をかけました。

照明器具を付ける段階というのは内装も終わりに近づいているときで、かなり資金繰りが苦しくなっていました。加田さんが提案してくれた素敵な照明器具も、1階はすべて諦めるしかありませんでした。

仕方なく自分たちで、加田さんが提案してくれたイメージに近い照明器具をインターネットで検索し、それを駆け込みで菅沼さんに取り付けてもらいました。1階の照明と2階の和室の照明は、それまで使っていたものとネットで購入したものにすることで、数万円節約できました。しかも、私たちの寝室に付けてもらった古い照明は接触が悪くてつきにくかったのに、菅沼さんが調整してくれたために、まるで新品のように反応が良くなるというおまけつきでした。

でも実は、菅沼さんがもっと関わってくれたらよかったのに……と悔やまれる出来事がありました。それは、シャンデリアをダイニングの上の柱に付けるときのことです。

菅沼さんが初めてそのシャンデリアを見て、「こんな素敵なものなら、もっと高いところからぶら下げたほうが見栄えがするのに……。長い鎖を切ってしまったのはもったいない」と残念がったのです。言われてみれば、本当にそのとおりでした。でも、すでに内装も配線も終わった後だったので、取り付ける位置を変更することは不可能だったのです。

どんな照明器具を付けるのかが、まだ電気の配線が動かせる内装の仕上げ前に電気屋さんに伝わっていたら、違うものになっていたのに……。そういうシステムにしてはいかがですかと、後日私はせらら工房に提案したのでした。

また、庭の電動ゴミ処理機のプラグを差すコンセントが外壁にないことが、入居後に発覚しました。打ち合わせしたはずなのに！　でも壁はレンガですから、もう無理かもしれない……。それもちゃんと菅沼さんが付けてくれたのには感激でした。

新しい夢を描かせてくれた「庭」の設計

「土の魔術師」――それが、外構（門、車庫、柵、植栽、エクステリアなど）担当のＳＳ美建さんでした。

外構の打ち合わせは上棟式の前でしたが、正直に言ってその段階まで来ると、もう本当にお金が残っていませんでした。家の本体にお金を使いすぎた……外構まで回るんだろうか……。そう不安になりながら打ち合わせに行ったのですが、そこに颯爽と現れたのがSS美建の佐藤武弘社長でした。薄いカーキ色の上品なジャケットを羽織り、書類を手にしての爽やかな登場です。私たちは、「もうお金が残っていないから、なるべく安く……すべておまかせします」と頭を下げました。

11月末、作業着姿で佐藤さんが現地に持って来てくれたプランは、抑えた予算でありながら、とてもおしゃれで奥行きのあるデザインに仕上がっていました。

そして、実際のできあがりは、そのプランの絵よりもさらに立体的で落ち着いた空間に

なっています。バリ島にあるプチホテルの中庭のようです。庭の真ん中に置いたベンチに座っていると、建物の中からボーイが朝のオムレツを持って来てくれそうな……。

植木の配置のセンスも抜群でした。隠れ家の雰囲気がありながら、決して閉鎖的ではありません。むしろ空へ向かう白椿の木が伸びやかで、開放的な印象さえ与えます。広いだけが居心地の良い庭ではないと教えてもらいました。居心地がいいだけではなく、どの角度から見ても絵になる美しさを秘めていることも、嬉しい発見でした。

この素敵な庭に少しずつ苗木を植え、何年もかけて小さなバラ園にすることが、そのとき私の「新しい夢」になりました。

ただし……この7年間で、その夢は大きな変更を余儀なくされました。身を粉にして働きながら、庭の手入れをするのは至難の業でした。結果的には、雑草にも負けない想定外の植物だけが生き残ったのです。

ガーデニングの話は、第4章で改めて触れたいと思います。

今でも憧れの「ハウスクリーニング」

家が完成して施主の手元に鍵が届くまでには、さまざまな方が携わり、その連携は本当にうまくとれているものだと感心します。

「現場見学会」前後の最終段階では、ハウスクリーニングのプロが登場しました。床に張り巡らされていた養生シートをはずし、ワックスがけをし、ぴかぴかに磨いてくれます。窓はその道のプロがやってきて、まるでそこにガラスがはめられていないかのごとく、美しく磨きあげてくれます。

彼らの丁寧な仕事ぶりもさることながら、持参してくる素晴らしい道具の数々に、私はどれほど惹きつけられたでしょうか。もし彼らが持つハウスクリーニングのノウハウを教えてくれる技術講座が開かれるなら、きっと多くの主婦がこぞって参加することでしょう。あるいは、彼らが使用しているものと同じ道具を販売してくれるなら、私は迷わず購入するでしょう。年末だけでも、またお願いできるサービスはないだろうかと、怠け者の私はつい、あのときの彼らの美しい仕事ぶりを思い出してしまうのです。

「画竜点睛」になった玄関の絵

玄関に飾りたい絵がありました。知り合いの妹さんが描いて、日展の新人賞を受賞した油絵です。ブティックで女性が一人、鏡に足元を映しながら靴を何足も試着している姿が描かれていて、とても気に入っています。作者が日本画の勉強をしていたせいか、油絵なのにタッチが日本画のようで、静かで落ち着いた印象を与えます。

最後に一つが入ることで作品に命が吹き込まれることを画竜点睛《がりょうてんせい》と言いますが、まさにこの絵が最後に入ることで家全体の生命力が増すであろう、そんな存在でした。まるで、家全体が美術館の一部になったような、そんな感動的な瞬間でした。

横1メートル60、縦2メートル38の大きなサイズで、重さも10キロ以上あるため、一人で設置できるものではありません。大きさが大きさですから、設計の段階でその絵に合わせた玄関を考えてもらっていました。絵の重さに耐えられる出っ張りをタイルの壁に設けてもらい、搬入時期を何度も北嶋さんと話し合ったのです。

この作品が現地に届いたとき、包装を剥がした状態で、設置場所の玄関ホールに無造作にドンと置いておきました。そして、次に現場を訪れたとき……、絵は素晴らしい位置で壁に取り付けられていたのです。

玄関にはアイボリー色のタイルが敷き詰められていますが、絵の中のブティックの床にも同じ色のタイルが描かれています。これを取り付けてくれた田邉洋一さんとは結局一度もお会いすることがなく、まったく打ち合わせをしていなかったにもかかわらず、床のタ

この絵で、家の生命力が増した

イルと絵のタイルが繋がっているかのように掛けられていました。まるで「だまし絵」のようです。私は暗がりの中、ダウンライトをこの絵に当て、階段に座ってしばらく鑑賞していました。

田邊さんは、2階にある棚の内部も造作してくれました。田邊さんは完成前の手直しなどを担当する大工さんですが、実はこの家の担当ではありません。現場監督の北嶋さんが声をかけてくれたことで、自分の仕事の合間をぬって駆けつけて取り付けてくれたのです。北嶋監督との信頼関係がなければ、できなかったことです。そして、あえて細かいところまで話さなくても、投げたボールを120パーセントにして投げ返してくれました。

ついに完成した理想の家！

オーケストラの指揮者のような「現場監督」さん

これまでに何度か名前が登場した現場監督の北嶋雅之さんについて触れたいと思います。一連の作業の初めから終わりまでを冷静に見守りつつ、設計士、コーディネーター、多くの職人さんと私たちの間に立って指揮してくれた現場監督の北嶋さんに、私たちは特別な気持ちを持っています。

図面の世界を実際の形に起こすという作業の中には、無数の工程があるはずです。材料を注文し、搬入の時期と職人さんの予定を合わせ、納期に間に合うようにすべてを滞りなく進めていくことの責任がどれほどの重さか……。北嶋さんは、それぞれの部署の人と私たちの中心に立ち、パイプ役になりながら進めていくのです。

「注文した部材を現場に入れたら実際のものと違った」「打ち合わせのものが図面に反映されていない」「色やサイズが合わない」などの手違いは、どんな会社にもつきものです。

多くの施主にとっては現場監督が窓口ですから、当然多くのクレームを受け、謝罪し、それをしかるべき部署にフィードバックすることになります。ですが、元来あまり多くを語らない彼は、ただ黙々と、時々頭をかきながら一つひとつに誠実に対処してくれました。我が家だけではなく、常に同時に20件ほどの現場を抱えている彼は、きっと多くのトラブルやクレーム処理を抱えていたことでしょう。にもかかわらず、そんなことは少しも顔に出さず、何度も現場に足を運んでは、暗がりの中で何度も作業工程の確認をしていた姿を忘れることはできません。

用事があって「北嶋さん、今どちらですか？」と尋ねると、「今、花田さんの現場に来

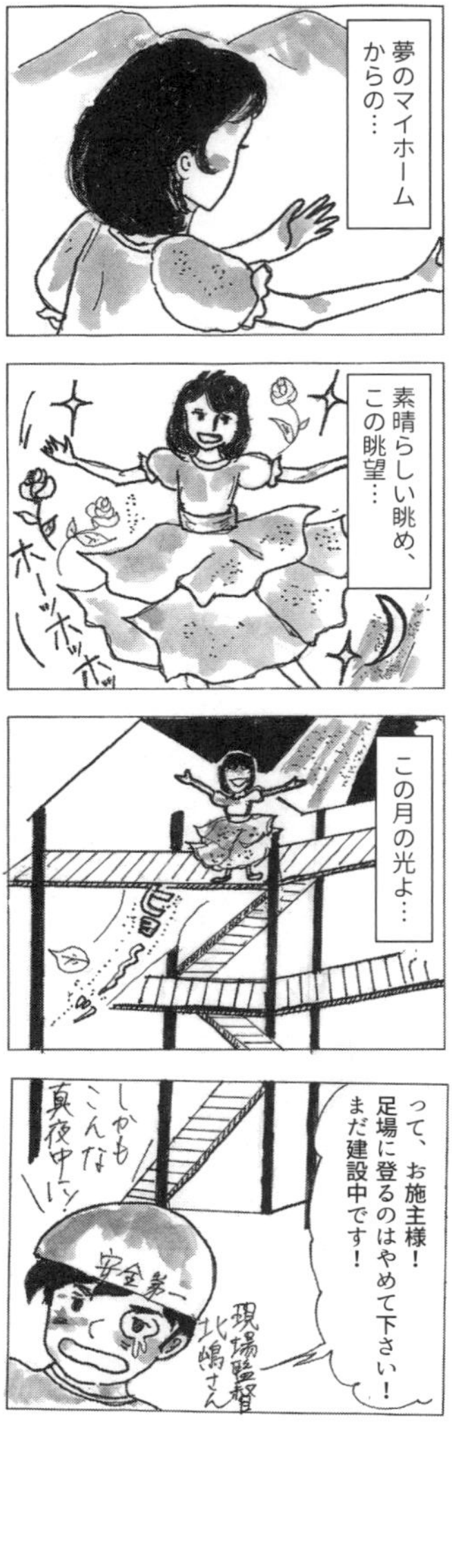

ていますということが少なからずありました。夜遅く家を見に行くと、北嶋さんが一人で小さな白い軽トラックのそばで工程表を手に立っている姿を何度も見かけました。

そんなとき、彼は照れたように、「はい、ちょっと気になったんで……」と大きな目で笑いかけてくれるのです。

そんな姿を見たら誰だって、この人には安心してすべてを任せたいと思うに違いありません。そして、軽トラックで去っていく後ろ姿に「頑張ってください」と声をかけたくなる気持ちも抑えられないと思います。

無数の工程が一つずつ積み重なり……こうして、私たちのレンガの家は完成しました。5月下旬のことでした。

結婚式のような「引渡し式」

その日は、やわらかい初夏の陽射しの中……多くの言葉を交わさないのに、誰もがニコニコと、目が合うと自然に微笑がこぼれていました。数か月の労働の後に完成した家の中で、皆が同じ一つのことを心から喜んでいたのです。それは、まるで嫁ぐ日に花嫁が感じるような、温かで静かな雰囲気の中、シャッターを切るカメラの音だけが、心地よく耳に響く午後でした。
　これから新生活を送る私たちに、気心の知れた家族が旅立ちを祝福してくれているような、そんな静けさと、安心感を与えてくれる笑顔がそこにありました。
Something Old
何か古いものを一つ――幼い頃から大切にしていた大理石を埋め込んでもらいました。
Something New
何か新しいものを一つ――白いサテンの長手袋の代わりに、白レンガを身にまといます。
Something Borrowed
何か借りたものを一つ――借金の大きさは、誰にも負けません。
Something Blue
何か青いものを一つ――美しいブルーの吊り戸を見ながら、家族で歩いてゆきます。
　必ず幸せになれるというSomething Fourを手にした日曜日。

最高のシアワセを感じた「引渡し式」。一番気に入っている写真

17年前、大切な友に祝福を受けながら、嫁いだ日のことを思い出しました。

そんな幸せな引渡し式でした……。

銀婚式を迎えて

あの引渡し式から7年が経ちました。

そして……私たちは結婚25周年を迎えました。銀婚式です。

25年前、私たちは新婚旅行でスペインの国境沿いにある南フランスの小さな港町、コリオールを訪れました。

そこには一軒の瀟洒《しょうしゃ》なホテルが建っていました。明るい陽射しを受け、建物全体に澄みきった空気が流れています。庭や部屋の隅々にまで、また、床を飾る美しいタイルの一つひとつにまで、おしゃれで可愛らしく、心の行き届いたデザインが施されています。小さなタイルのデコレーションにまでドキドキするような感覚を味わったのは、このときが初めてでした。あの頃の日々を思い返すと、懐かしさで胸が張り裂けそうになります。

思えば、このときに泊まったこの形を、私はずっと探し求めていたような気がします。自然と一体化し、マイナスイオンが満ち溢れ、水と緑と太陽の柔らかな調和の中に存在する、信じられないくらい可愛らしいレンガの家……。この場所は、私たち夫婦の原風景であり、最も理想とする住まいの形であったかもしれません。訪れた若いときには、そんなことには全く気づきもしませんでしたが……。

PART

4

「理想の家」を建てて変わった私たちの暮らし

「高断熱・高気密」が意味したこと

もう夏の暑さに悩まない

この家に移り住んだのは6月中旬のこと。引っ越して間もなく夏を迎えました。それまで住んでいた築35年の借家は立て付けが悪く、窓からだけでなく裏口からも玄関からも熱気が入り込んでくるため、稼働しているエアコンの冷房効果があまり感じられませんでした。それが、この家に来てからまったく状況が変わりました。「高断熱・高気密」であるがゆえに、外気からの影響が極めて少ないのです。

2階はリビングルームとオープンキッチンで40平方メートルあり、隣接する和室とトイレとお風呂場をすべて開け放すと72平方メートルの空間に広がります。このすべての空間に、エアコンは三菱重工のSRK28TC―Wの小型タイプ1台です。

ガラス窓を通して入ってくる陽射しで家の中が暖まらないように、日中の太陽が出ているときにはカーテンを閉めますが、エアコンを26度に設定しておくだけで、リビング全体に充分な冷気が保たれました。せらら工房の方から〝レンガの家〟は「家全体が魔法瓶のよう」だと聞いていたのですが、その謳い文句のとおりでした。

2階からはじき出された冷気は、家の中央にある階段を通って1階に降りていき、下の部屋も冷やします。1階の子ども部屋と予備室は北向きなので、真昼の太陽をさえぎるカーテンさえ閉めておけば、ひんやりとした空気が保たれます。

夜は外気が少し冷えた頃、少し窓を開け、風の出入りをさせて暖かい空気を冷やしてから窓を閉めます。その冷気は朝まで続くのです。

本当に暑い時期には、寝る前に少しだけ、それぞれの部屋のエアコンをつけておきます。眠る前に一気に冷やし、スイッチを消して寝ると、その温度が翌朝まで保たれます。せらら工房の施主のなかには、「夜、寝苦しくなくなったので、早起きができるようになった」とおっしゃっていた男性もいたそうです。

留守にするときにも、ぎりぎりまで冷房で冷やしておき、カーテンを閉めて外出すると、帰ってきて玄関のドアを開けたときにひんやりした空気が漂ってきます。白レンガが光を反射するので、ある程度の熱を遮る効果も働いているのではないかと思います。

熱帯夜も、連続真夏日も、関係のない言葉になりました。毎夏、酷暑になると警鐘が鳴らされる「室内での熱中症」にも、もちろん無縁です。

冬の寒さにも悩まない

留守宅に帰ってきたとき、夏はひんやりと、冬は暖かく家族を迎え入れてくれる……これはとても幸せなことです。

前に住んでいた借家では、冬になると、違う部屋に行くだけなのに、ドアを開けるたびに冷たい空気が襲ってきました。それは、知らず知らずのうちに、心臓に負担をかけていたはずです。

それが今の家に来てからは、断熱性・気密性が高いおかげで冬でも冷気が室内に入り込まず、暖かく過ごすことができています。初めての冬を迎えて外気温が12～13度になっても、屋内は平均19度でした。カーテンを開けて日中の太陽を存分に窓から室内に入れておくだけで、夕方の7時過ぎまで、人間の活動と、照明と、ＩＨの熱だけで、室内は19度、日によっては20度を超える温度を保っているのです。

それまで住んでいた家では、朝起きると、まず誰が布団から這い出してストーブをつけるかのジャンケンから始まるぐらい、冷えは辛いものでした。逆に布団の内外の気温差を感じず、何のためらいもなく朝の活動を始められるのは、とても快適です。

前の家では・・・
ガスストーブ
ふわあ。。
寒いよ寒いよ〜
ぶるぶる〜
た…ただいま〜
あったか〜〜い♡♡
今は・・
きっ基本的に姿勢が変わっただけなのね。

眠る前には、2階のリビングルームのカーテンを開けておきます。普通なら、そんなことをすると夜の冷気が外から入ってきて温度が下がるものですが、我が家の場合は逆に、カーテンを開けておくことで朝の光がリビングに射し込み、起きて活動を始める頃には部屋全体が暖かくなっているのです。

また、2階は、通行人の視線も届かないので、カーテンを開けっ放しにしてくつろいでいても、外からの視線を気にしなくてすむというおまけつきです。

初めての年末は、親戚の家で大晦日を過ごすために2日ほど家を離れました。外は非常に冷え込んで1度まで下がりましたが、夕方帰宅して1階の温度計を見てみると14度、2階で17度ありました。

ほんわかした暖かさの「床暖房」

このような暖かさを享受できるのは、高断熱・高気密の構造だけではなく、優れた床暖房設備のおかげでもあります。

床暖房にもいくつか種類があるのですが、我が家は、せらら工房オリジナルの床暖房「癒しほっとパネル」を使っています。床だけが温まるのではなく、輻射熱で暖かい空気の層が足元につくられるのです。

床に触ると温かさは感じるものの、それほど熱くありません。場所によっては心地よいひんやりしたところもあるのですが、それでいて身体が芯から温まる快適さがあります。温泉につかって温まったときの、裸のまま外に出ても身体がずっとほてっている、あの状態に近いのかもしれません。

「暖かい」ということに気づかないような、ほんわかした暖かさ……スイッチを切ってもしばらく暖かいので、切り忘れたのかなと思ってリモコンを確認したこともありました。

ただし、床暖房を効果的に使いこなすには、少しの慣れが必要でした。

せら工房と家を建てた施主さんのなかには、1年目に試行錯誤した結果、「床暖房を夜中ずっとつけておき、朝方に切る。それで午前中まで足元がずっと暖かい状態になる」というサイクルを習得した方もおられたそうです。

我が家の床暖房は、タイマーで明け方の4時には消えるように設定しています。1階の床暖房で温められた空気はそのまま2階に行き、高気密のためにその暖かさは外へ逃げていきません。夜になってつけるライトの熱や家族の活動エネルギーも相まって、部屋はいつも暖かです。

12月も半ばに入り、日中の最高気温が10度を切るという寒い日でも、1階の床暖房をつけていれば室内温度は20度が保たれ、床暖房のない2階に上がっても17〜18度です。

廊下に出ても、トイレに入っても、脱衣所でも、家の中の温度は変わりません。ドアを閉めていても開けていても、温度は一定に保たれています。裸足のまま、どの部屋へもためらいなく行くことができます。

つらい「冷え性」にさようなら

私はもともと冷え性で、冬場になると手足の指先がものすごく冷たくなるたちでした。布団に入ってしばらくしても、冷えた手足は温まりません。寝具を共に使っている主人からはいつも「死人のようだ」と驚かれていましたし、身体が温まるまではぐっすり眠ることもできませんでした。

けれども今は、冬場でも指先がいつもポカポカです。

床暖房のおかげで、室内のどこを歩いても常に適温が保たれていて、身体の表面だけの温かさではなく、身体の芯から温まっている感覚で、素足で過ごしているのにもかかわらず、温泉に入った後のような持続的な温かさを感じているのです。

私はこの家に暮らすようになってから、それまで毎年悩まされていた冬の「つらさ」から完全に解放されたのでした。

冬場も室内では夏の暮らし!?

そんな室内ですから、冬でも、息子たちはTシャツに短パン、裸足で過ごしています。トランクス一枚で寝ていることもあります。私たち夫婦は半厚着です。そして、家族全員が、一年中裸足です。

せらら工房と建てた家に住んでいると、冬でも半袖でゴミ出しをする人が多いそうですが、我が家もその例に漏れません。外気温が13度でも、昼間の日光と人間の活動だけで2階は22度を保っていることがよくあるからです。

昨今、問題視されている浴室と脱衣所との温度差による「ヒートショック」など、この家では起こりえません。廊下を通じて部屋と部屋とを行き来するときにも温度差を感じず、玄関ホールも、そこに別の暖かい部屋があるようなイメージです。

一つだけ困ったこと……笑い話ですが、近所や職場の人と話が合わないのです。「今朝は寒かったですね」「夜中の雨の音、すごかったですね」「昨夜の地震、揺れ、大きかった

ですね」……このたぐいの話題が出たとき、家族は皆、共感することができなくなってしまいました。

赤ちゃんを育てるのにも安心

我が家の子どもたちはもう大きくなっていたのですが、せらら工房の施主のなかには、乳飲み子を抱えている方もいました。そんな方たちにとっても、この造りはかなりありがたいようです。

「真夏でも、何時間抱っこしても大丈夫です。こんなに過ごしやすいと、暑さで泣くことがありません。泣く原因が一つ少ないだけで、ずいぶん親は楽になります。お風呂上がりにも、赤ちゃんを置いておける安心感があります」という声を聞きました。

「省エネ」で光熱費が安くなった

冷暖房が効率的なことは、省エネに繋がり、つまりは家計の光熱費を抑えることになります。

我が家はエコキュートを使ったオール電化で、夜間電力が得になる「電化上手」のコースを利用しています。

ひと月の電気代は、1万円前後です。冬の間の床暖房を使用している月でも1万5千円前後で、2万円を超えることは年に2回程度。ガスを使用しないので、これが光熱費のすべてです。もちろんお風呂や調理などの電気代もすべて含まれているので、とてもリーズナブルな料金に収まっていると思います。

ただし、長期優良住宅に住んでいる家のなかで、我が家の電気消費量は多いほうかもしれません。せらら工房の施主のなかには、もっとエコライフを追求した方が数多くいらっしゃいます。例えば、40代夫婦と子ども二人で家の広さが45坪という、ほぼ我が家と同じ条件である横浜のあるお宅の電気代は、9月、10月、11月で5千円台。最も寒い2月でも1万3252円という安さだと伺いました。

でも、我が家はあまり節約節約と力まずに、楽しみながら省エネを目指しています。1か月間ずっと床暖房をつけっぱなしにして、どのくらいかかるのか……などの実験もしました。その結果、ある一定の温度以上に上がると自動的に調整して電気を食わないことを発見、改めてこの家の効率の良さを感じました。

ですから、我が家ではエアコンをつけっぱなしにしています。夏は温度を高めに、冬は低めに設定してつけっぱなしにしておく場合と、こまめに消したりつけたりしている場合とで、光熱費の違いはあまりありません。

実は、一番暑い夏の時期に、エアコンを消した状態で、1週間家を留守にしたことがありました。帰宅してみると、さすがに室内の温度が上がっており、さらに室内の温度を保ち続ける高機能な家だけに、暑くなりすぎており、冷やすまでにかなりの時間がかかりました。その経験から、留守中電気をつけっぱなしにするほうが逆に電気代もかからないことがわかりました。車のエンジンをかけっぱなしにしてニュートラにしておいたほうが、アクセルを強く踏むよりも燃費がいいことと、同じ理屈だと思います。

カラッとしていて、結露もなし

中と外との気温差がある冬にはつきものの結露も、まったくなくなりました。我が家の窓のサッシは、アルミではなく、結露を生じさせない「樹脂サッシ」です。毎年悩まされていた窓ガラスにつく水滴と、それを含んだカーテンが黒ずんでいるおぞましい様相に、苦しむことはなくなりました。

室内にたまっていく湿度が、家の躯体の寿命を脅かすことも心配しなくてもいいのです。室内がいつもカラッと乾いていて、バスルームで洗濯物を干したり入浴したりした後にドアを開けっ放しにしていても、いつも心地よい爽やかさが室内に漂っています。

洗濯物は常に室内干しで、たいていは半日で乾きます。寝具のように厚い生地のものでも、一日あれば室内で乾燥します。梅雨の時期でさえ、洗濯もの同士を近づけて干していても、生乾きの嫌な匂いはなく、翌日にはパリパリに乾いています。

湿度の高い梅雨の時期でも、窓を閉め切って生活していれば、その室内の乾燥に変化はありません。室内のどこを歩いても、湿った匂いを感じません。おそらく壁の内側も、梁の中も、生活空間と同じ程度に乾燥していて、水分を寄せつけていないのでしょう。

雨がやんだときに窓を開けっ放しにしていても、部屋の中はカラッとしていて、カビが生えたことは一度もありません。

ただし、あたりまえのことですが、窓を開けるとどんどん外の湿気が中に入ってきてしまいます。この家に住んでいる限り外の風を入れる必要はないのですが、夕方、少しだけ風を入れようと思って開けっ放しにし、そのまま忘れてしまった結果、食パンにカビが生えたこともありました。

そういう「うっかり」などの場合を除き、室内はいつもカラッとしています。水滴がついていると簡単に錆びてしまうような台所の金タワシでさえ、いつまでも使えるほどに乾いています。

宇宙に浮かんでいる密閉された空間であるスペースシャトルのイメージと言えばわかりやすいかもしれません。その中では、外気の環境にまったく関係なく生活することができるのです。

「24時間換気システム」のスゴ技！

この家には「24時間換気システム」があります。各部屋の天井に丸い換気口があり、そこからモーターで中の空気を外に出す仕組みです。そして、2時間ごとに汚い空気ときれいな空気が入れ替わるのです。

急速に空気の入れ替えをしたいという事態でも起こらない限り、このシステムに全面的に頼って安心していられます。長期に留守をして人の出入りがまったくないときでも空気は流れているので、帰宅したときに滞った空気を感じることがないのです。

実を言うと、私は掃除が大の苦手でした。けれども、苦手なはずだった掃除が「高気密」と「24時間換気システム」のおかげで、まったく違ったものになりました。

掃除が面倒で大変だと思っていたのは、きれいになったと思うとまたすぐに小さな隙間や窓から入ってくる埃《ほこり》で一杯になる家に住んでいたからだったのです。

そもそもこの家には隙間がないので、外からの汚れがほとんど入ってきません。外から埃を含んだ空気が入ってくるのは、玄関の出入りをするときと、窓を開閉するときだけです。あとは24時間換気の通気孔から風がフィルターを通って入ってくるだけ。逆に外へ出ていく空気の穴から小さな埃ならある程度出ていく仕掛けになっているせいか、いつも空気がすっきりとしています。

他に隙間がないので、この通気孔に空気の流れが集中し、外からの汚れをすべてスポンジ状のフィルターがキャッチしてくれる仕組みです。ですから、フィルターには煙突のすすのような汚れがついています。言い換えれば、このフィルターを掃除機で吸い取るか水洗いをするだけで、外気からの汚れが一度に取れるということです（ちなみに、そのフィルターを半年に一度掃除する担当は主人です。私は「スッキリしたね～！　やっぱり空気感が違うなっ！」と後ろから声をかける担当です）。

もちろん衣服に付いてくる埃などが桟などにたまりますが、床が外から吹き込む風でザラザラになるようなことはもちろんなく、まるで家全体が空気清浄機のような清潔感が漂っています。

ベトベト汚れがなくなった

そして、汚れの質が変わりました。家の中が乾燥しているせいか、水分を含んだ汚れがなくなったのです。

テレビの後ろのコードなどについていたベトベトした汚れも、この家に越してきてからはなくなり、せいぜい軽い綿ゴミがふわっと隅にあるだけになりました。そのため、掃除機がけと軽い拭き掃除だけで充分清潔さを保てるようになりました。

床材はモップをかければかけるほど輝いてきて、離れたところから見ると、まるで木ではなく石造りのように、ダイニングテーブルが鏡のように映っています。

掃除は引き算の作業だとよく言われます。もともと白いものは、しみを除き、さらに白く……。顔のしみもこんなふうに簡単に取れたらいいのに……と思いながら、毎日鼻歌を歌いながら磨き上げています。と言っても、特別気合を入れているわけではありません。毎日作業することで、昨日よりもさらにきれいになっているのです。

24時間換気システムで家自体が自分の力で呼吸をしているため、住人はただその家の気流に乗って、必要なときに少し手を貸せばよいだけです。

毎年花粉症に悩まされていた主人も、安心できるようになりました。外気がシャットアウトされ、布団や洗濯物を外に干す必要がないので、花粉が家の中に入ってくることがないからです。

四季が移り変わってどんなに外の温度が変化しても、家の中だけは一年中同じ季節で過ぎていくようです。

ゴキブリの悩みがなくなった

ここに住む前、悩みの一つにゴキブリがありました。家に隙間があると、どんなに頑張っても、入ってくるルートが確保されてしまうのです。最近は殺虫剤も効かないほど強く進化し、ときには飛翔してやって来ます。私の生まれ育った北海道にはカブトムシさえいなかったので、本州に来てから受けたショックは大きいものでした。

けれども、この家に住み始めてからは、その悩みがなくなりました。家に隙間がなく、通気孔も外側の蓋には網が、内側にも風を通すだけのフィルターが付いているので、入ってくる通路がないからでしょう。

自然界の虫というのは、人間が見落とす小さな出入り口をどうにかして見つけるものですが、そんな小さな虫でさえ通る穴がないほど、この家は高気密なのです。玄関の出入りで人と一緒に入ってきてしまう長さが3ミリ程度の小さな羽虫でさえ、家の中に入ってしまうと出口も食べ物も見つからずに、翌日には窓辺で死に絶えています。それを掃除機で吸い取るだけで、殺虫剤も必要ありません。

この家が遮断してくれるのは、暑さや寒さだけではないということです。黒光りして、毎年おぞましい姿をさらす、主婦の大敵のハエやゴキブリも寄せつけない、衛生的な効果もあるのです。

ただし、玄関の開け閉めなどで油断しているときに、ゴキブリが入ってくることはたまにあります。その場合には、逆になかなか出ていきません。家が密閉状態なので、出ていきたくても出ていけないのです。

そんなゴキブリたちが家の中で死んでいるのを、特に冬場にときどき見ることがありま

す。おそらく、冬は室内が乾燥していて結露もないので、水分をとることができず、脱水症状を起こして死んだのではないかと私は推測しています。外に出ていきたくてもかなわない、巨大な「ごきぶりホイホイ」状態……恐るべし、この家の高気密度。生存競争のトップとして君臨している彼らをも凌駕する、構造テクノロジーに脱帽です。

なんと、防犯効果まで!?

気密性の良さを生かすためもあって、私たちは部屋ごとの扉をほとんど閉めません。全部開けておきさえすれば、2階で冷房しておけば1階も冷えますし、1階で暖房しておけば2階も暖まるのです。

そのためもあって、「音」がよく聞こえます。1階から2階に声をかけることも簡単です。また、家のすべての窓を閉め切った状態で玄関のドアを開けると、中に力が引き込まれるような感覚を覚えます。逆に、どこか一か所でも空いていると、そのドアの力は緩まります。つまり、ドアを開けたときの力の感じで、家のどこかが開いていることがわかってしまうのです。

1階にいても、2階の外階段に通じる扉の開閉がわかります。密閉されているため、ドアが開くと、連動して空気が動くからです。それは、家のどこにいても、他の家族の気配を感じられるということでもあります。

ですから、万が一にも、施錠し忘れたドアから泥棒が入ってきたとしても、それを感じることができるはずです。

もしもの話ですが、夜遊びにふけって夜中にこっそり帰宅しようとした家人がいたとしても、バレてしまうに違いありません！

家の中も外も「メンテナンス・フリー」

この家の良さを表す特徴の一つに、「メンテナンス・フリー」という言葉もあります。高断熱・高気密は結露を呼びませんが、それは室内の設備のメンテナンスがほとんど必要ないということです。断熱の悪い家では、水回りに湿気がたまり、床が軟らかくなってしまうことがあるそうですが、そういう心配もありません。

家の中だけではありません。レンガの外壁もメンテナンス・フリーなのです。年末に恒例だった外壁を水洗いする手間がいらなくなっただけではなく、十年ごとに足場を組んでペンキの塗り替えをする必要もありません。それどころか、レンガという素材は古くなればそれだけ味わいが出てくるものですから、年月がこの家の表情を変えていくのを楽しむことができるのです。

メンテナンス・フリーはまた、ストレス・フリーにも繋がります。つまり、精神衛生上もプラスなのです。

地震・雷・火事・台風

「台風」でも安心していられるシェルター

もともと「レンガの家」という言葉には、災害に強いというイメージを持っていました。頑丈で、火事にも地震にも強く、揺れにもびくともしない、というイメージです。それは、世界に数多く残っているレンガ積みの歴史的な建造物が証明しています。私たちがレンガの家を選んだのも、年月を経ることで味わいが出てくる見た目の麗しさだけでなく、そんなふうに半永久的な強さに魅力を感じていたからです。

実際に私たちはその強さを、台風や地震を経験するたびに実感することになります。

初めての台風のときは、こんなふうでした。

2009年9月30日にマーシャル諸島で発生した台風は、西北西に進み、10月8日早朝に愛知県に上陸しました。暴風雨がそのまま日本を縦断し、死者が6名も出た「台風18号」です。もちろん我が家にも豪雨と強風が襲ってきましたが、家全体はどっしりとして軋《きし》むことなく、外の雨の音も完全にシャットアウトしてくれました。

窓から見えた強風に煽られる大木はすごい迫力です。仲間からはぐれた鳥が強風の中を叩き落とされそうになりながら、必死に翼をばたつかせて飛んでいく姿も見えました。けれども、外の音が室内にそれほど聞こえてこないために、私たちはそんな風景がどこか遠くの世界、あるいはテレビ画面の中で起こっている出来事だと錯覚しそうでした。試しに少しだけ窓を開けてみましたが、音の大きさと風の強さに驚いて、すぐに閉めてしまいました。

この安心感と快適さ……。家がびくともしないというのは本当に心強く、精神的にも安定します。家は生身の人間を守るシェルターの役割をするものだということを、この台風で痛感しました。たとえ近くの小学校に行くようにという避難勧告が出されたとしても、私たちは迷わずこのレンガの家に留《とど》まると思います。

上陸した日、台風のために学校が休校になったので、小中学生だった子ども二人と、高校教師である私は、家にいることになりました。ひとり会社へ行く主人は、嵐の中を車に乗り込みながら「いいなあ、君たちは。こんなに頑丈な家でゆっくりできて！」と心からうらやましそうに言って出かけていきました。雨でびしょ濡れになっている主人の背中を見て心から申し訳なく思いつつも、「本当にそうだ！」と嬉しくも思ったのでした。

「地震」でも揺れは少なかった

台風と違って、地震は突然襲ってきます。

台風18号よりも少し前のことになりますが、この家に住み始めて間もない２００９年８月９日19時56分。東海道南方沖の深さ３４０キロメートルで、Ｍ６・９の地震が発生しました。

このとき、私は2階のダイニングテーブルのそばにおり、たちくらみがして変だなあと思ったのです。吊り下がり式のシャンデリアが左右にゆっくり揺れているのが目に入り、あ、地震だ……と思ってすぐに揺れがおさまりました。室内にある家具は一つも乱れませんでした。

この2日後の8月11日午前5時7分。「静岡沖地震」が起きました。Ｍ６・５で、死者が1名、負傷者が245名という大きな被害が出ました。不思議だったのは、震源地が前回よりも近く、横浜での揺れも大きかったにもかかわらず、揺れの体感が前回よりも小さかったことです。

家族は1階の寝室で、揺れをほとんど感じずに熟睡していました。後で近所の方たちが「すごい揺れを感じた」と言うのを聞きましたが、我が家では1冊の本も、2階の本棚に無造作に置いたたくさんのトロフィーも、ずれさえしませんでした。この家は最高の避難所だと確信すると同時に、全世界のすべての家が「地震に強い家」だったらどんなに安心か……そんな世の中になったらいいのに、と思いました。

「東日本大震災」の停電の教訓

そして、2011年3月11日、東日本大震災が起きました。ものすごい揺れでした。地震発生時、残念ながら誰もこの家にはいませんでした。主人は東京、私は高校のある横須賀、子どもたちは、一人は小学校、中学生のほうは遠足旅行で浦安にいたのです。家族と携帯電話が繋がらない不安な状態で、私は信号の止まった車道を車で3時間かけて帰宅しました。

私は職場での揺れの激しさや帰り道での余震のすごさにおびえながら、我が家はどんな惨状になっているだろうと想像していました。食器棚の中のガラス食器は粉々になっているかもしれない。本棚が倒れ、書類は散乱しているのでは……と恐る恐る家に入りました。

ところが、倒れていたのは、卓上に置いていた写真立てが3、4個だけ。書棚のてっぺんに飾ってあった軽い子どものトロフィーですら、床に落ちることなく、整然とならんでいました。構造体が強いというのは、こういうことなのか、と実感した瞬間でした。

その日、主人は帰宅難民となり、東京事務所に宿泊することになりました。浦安に出かけた長男は、ディズニーランドのパーキングで宿泊し、数少ないおにぎりを同級生と分け合って食べたそうです。彼にとっては、「液状化現象」を間近で見た貴重な体験ともなりました。

私は夕方帰って来た次男とその友人たちと一緒に、たまたま焼いていたケーキを真っ暗な中で食べて過ごしました。

我が家の弱点が一つだけわかりました。「オール電化」なので、停電には弱いのです。お料理もできません。予算をケチらずに「太陽光発電」を採り入れていたら……と悔やんでもしかたありません。

あれ以来、カセットコンロや懐中電灯など、停電に対応できる備えはしています。忘れることのできない、自然災害がいかに日常の生活を突然途絶させるのかを感じた一夜でした。仙台に住む母の無事を祈りながら、そして、まだこの段階では何もつかめていなかった東北の方々の無事を祈りながら……。

地下並みの強靱さが揺れを抑える

地震の「揺れ」の度合いは、地上に比べると地下では2分の1から3分の1になるそうです。地上にあるものは震動そのものに加えて構造物が揺さぶられるために揺れが増しますが、地下では震動以上の増幅が非常に少ないからです。

揺れで被害が出るのは、その上に建っているものと地面の揺れに差ができて破壊が起こるからです。地下では構造物が地面と一緒に揺れるので、立っている人間やロッカーなど以外は揺れず、被害は非常に少ないのだそうです。

もともと大きな荷重を支える設計ですから、化粧板が落ちるなどの落下物があっても、構造全体がつぶれるということは起こりにくいと考えられます。

我が家の基礎部分の構造の強さは前述しましたが、地下の岩盤にしっかりと基礎が食い込んでいるので、建物が地面に乗っているというよりも、地下と一体化しているイメージかもしれません。地上のレンガの建物の中にいる私たちの揺れの体感が少ないのは、地下にいるのと同じだということです。

間取りの工夫がもたらした効果

2階の大リビングはコンサートホール!?

我が家は総2階の造りです。前述したように、家族の寝室は1階にあり、2階はかなりの広さを確保したリビングルームとオープンキッチン、そこに和室が繋がっています。バスルームも2階の台所の近くに配しています。

2階のリビングルームは、床面積もさることながら、屋根に合わせた勾配天井なので吹き抜け感もあって、かなり大きな空間になっています。窓も大きくしたので、陽射しが部屋を明るくしてくれる効果もあります。

ところで、男性のなかには、「マイホームの最大の夢は、自分の書斎を持ち、地下にオーディオルームを完備することだ」と考える方がいるようです。それがうちの主人に限ったことではないと、我が家を訪れる見学者の男性と話していてわかってきました。

我が家に地下室はありません。けれども2階の大リビングは、地下のオーディオルーム構想をしのぐものとなったと自負しています。仮に地下室を造ったとして、限りある予算の中で果たしてどの程度の広さが確保できたでしょうか。1階に大空間を造るのは建物の強度に難しさが増します。これらを一挙に解決するのが、2階の大リビングでした。

高気密・高断熱を求めたレンガの家の室内では、音がよく響き、外に漏れることはありません。いわば防音室になっているのです。そのため大きな声で歌うと、エコーがかかったように響きます。息子たちの弾くバイオリンも、ものすごく上手に聞こえます。

BOSE社製のライフスタイルというシリーズの音響装置を入れただけで、リビングルームがまるで小さなコンサートホールのような空間になりました。あたかもオーケストラが目の前で演奏しているような錯覚に陥ります。

広いスペースで大好きな音楽を高品位な音質で満喫できるようになった主人は、音楽三昧の日々を送っています。映画やドラマも好きなので、テレビの音声コードをスピーカーに繋げ、映画館のように臨場感あふれる効果で楽しんでいます。

ちなみに主人の希望で、2階にあるバスルームにも音楽が聴けるシステムを付けたので

すが、こんなふうにオーディオルームを地続きで設ける必要はなかったのではないか……、と思っています。なぜなら、お風呂のドアを開けておくと、リビングに響き渡っている音楽が入浴中でも充分に聴こえるのですから……。

お客様に最高のスイートルームを

この家を建ててから、たくさんのお客様が訪ねてくれました。泊まりがけの方も少なくありません。そういうお客様には2階の和室で就寝してもらいますが、2階にはバスルームもトイレもあるので、フロアの空間をすべて自由に使ってもらうことにしています。

2階はほとんどの場所が、一つ以上の機能を兼ね備えた多機能空間なのです。リビングは書庫でもありオーディオルームでもあります。キッチンの調理台は、お客様とお酒を飲むカウンターにもなります。この2階で、お客様には聴きたいときに音楽を聴き、入浴したいときにお風呂に入ってもらうのです。真夜中にお腹が空けば、冷蔵庫から勝手に食べ物を出してもらってかまいません。

気を遣わず、自宅と同じようにリラックスでき、ついでにプチホテルに泊まっているような贅沢感も味わってもらいたい……我が家での滞在が、最高の非日常感を味わえる場所になれば、こんなに嬉しいことはありません。

実は、住んでいる私たちもまた、長期でスイートルームに滞在しているような贅沢感を味わっています。自宅にいながらリゾートの気分なんて、とても安上がりだと思いませんか？　もちろんコックもボーイもメイドも、自前ではありますが……。

カナダからの交換留学生たち

PART1で述べましたが、私は若い頃、外国に住んだことがあります。日本とまったく異なる文化と背景を持った人たちとの交流は、視野を広げ、自分を謙虚にしてくれるという経験をしていました。ですから、息子たちにも外国人と親しく交流する経験をしてもらいたいと思っていました。

そんな思いから、今の家に引っ越す前から、我が家では外国人を時々ホームステイさせていました。友人の紹介やNPOを通じて、いろいろな国の人たちが来ていました。大人もいれば、子どももいました。ただ、狭くて、暑い夏には快適とは言えない家だったので、申し訳ない気持ちもありました。

今の家に移ってからは、上の息子の学校の交換留学で短期来日する北米の高校生を受け入れました。真夏の2週間、少ないときで2人、多いときには6人の男子高校生を迎えました。

6人も受け入れたときには、1階の予備室と2階の和室に分かれて寝てもらう選択肢もありましたが、最終的には2階の和室とリビングに布団を敷いて一緒に寝てもらいました。

この和室にはリビングルームが繋がっているので、スーツケースはそこに置き、衣類などはハンガーに吊してもらい、クローゼットなどは用意しませんでした。2階に冷蔵庫もシャワーもあるので自由に使ってもらい、飲み物なども勝手にとってもらいました。

涼しい気候に慣れた彼らは、日本の夏の暑さに驚きます。8月の光の強さと湿度には、たいていの子がまいってしまうのです。けれども外出先から帰ってくると、「まるで故郷のカナダの夏のような爽快感がある」と言ってくれます。その暑さをシャットアウトしてくれるシェルターのようなこのレンガの家を、皆とても気に入ってくれました。

学校のプログラムを通じて来る高校生なので、来日する前にあらかじめ「日本の家屋では……」という教育をきちんと受けています。例えば、スリッパです。日本の家では靴を脱いでスリッパを使うこと。室内とトイレとではスリッパを履き替えるので、決して間違えないように……などと言い聞かされて来るのです。

ところが、安心・安全な我が家の床には、スリッパを置いていません。トイレにもスリッパを置かないのです。聞いていた話と違うため、皆、とまどっていたようです。

彼らの多くは、家の中ではインターネットに、毎日通う近くの本屋ではDVDや書籍に興味津々でした。「おたく」と自称するだけあって、日本のマンガやアニメに詳しく、日本大好き。本当に楽しそうに過ごしてくれていました。

ゲームセンターやスーパー銭湯……一度行ったところでも、気に入れば何度でも行きたがるので、毎日違った場所へ連れていかなければ、などと頭を悩ませる必要はありません

でした。できる範囲で、できることをやってあげれば、初めての日本を彼らなりに充分に楽しんでくれるのだと思いました。

なお、若い交換留学生たちを受け入れるということは、その親御さんたちとも交流することになります。お預かりしているお子さんの写真をメールで送ると、安堵と感謝のお礼メールが送られてきました。スカイプで会話をしたこともあります。国が違っていても、同じ年頃の子どもを持ち、同じように奮闘している同世代の親同士の交流は、ときに心に染みる感動をも呼びました。子どもたちの外国での冒険は、同時に親たちにとっての大きな冒険でもあり、それに少しでも関れたことを、とても幸運に思います。

同じ中高一貫校に進学した弟もすでに卒業したにもかかわらず、今でも学校から頼まれて高校生が来ています。

兄弟ゲンカも夫婦ゲンカも円満に

せらら工房の創業者・松本祐氏の著書に、『「頭のよい子が育つ家」のつくり方』という1冊があります。家の間取りが子どもたちの生活環境と思考回路に大きな影響を与えることを示唆している興味深い本です。

家族の各寝室は1階にあるので、子どもたちも勉強しているときと寝るときにはそこで過ごしていますが、それ以外の時間は2階のリビングルームで家族一緒に過ごすことが多くなりました。音楽鑑賞も、映画鑑賞も、楽器の演奏も、読書も、料理も、食事も……、一つの空間の用途が多目的であればあるほど、そこで一緒に過ごす時間は長くなって当然でしょう。

頭のよい子に育つかどうかは別として、個と公の使い分けができ、リラックス効果のある家で、自分の生活のリズムを彼らもつかんだようでした。

この家を建てて間もない頃、兄弟ゲンカをしている子どもたちを、私が「(現場監督の)北嶋さんや水島棟梁たちが建ててくれた家だよ!!」と言って怒ったことがあります。子どもたちはハッとした様子で静かになり、ドアをそっと閉めました。

子どもたちは建築中の家を見に来ては、職人さんの作業風景を目にしていたのです。子どもなりに彼らがどんなに丁寧に、大切にこの家を造ってくれていたのかを学んだのです。自分たちの住んでいる家でありながら、自分たちだけのものではないと感じていたのかもしれません。家は人が建てる……。この、あたりまえのことを子どもに教えられる工務店さんにお願いして、本当によかったと心から思っています。

夫婦も同じです。穏やかな毎日ばかり……というわけにはいきません。特に、家のローンの話になると……。

ですが、どんなに不穏な空気が漂い、冷たい空気が流れても、「いい家だね」とどちらかが言うと、素直な気持ちで「うん」と笑顔で答えることができます。こんなに素敵な家に住めることに感謝し、お互いに本当に頑張ったね……と伝え合う気持ちになるからです。

私にとっては、彼とでなければこの間取りにはならなかったこと、そして結婚生活で得られた各地での経験がなくてもこの家にはならなかったことがよくわかっているので、そんな素直な気持ちになれるのでしょう。

夫婦関係も円満にしてしまうこの威力！　この気持ちは、家づくりが成功し、その住み心地に100パーセント満足したときに芽生えるものではないでしょうか。

レンガの魅力を生かせるエクステリア

安いオーニングでも大満足

本物のレンガの家は、どんなエクステリアをあしらっても調和してくれるので、何を買っても演出を楽しめます。失敗したことは、ほとんどありません。

入居した当初、窓から入ってくる夏の陽射しが強いので、それを遮ってくれる外付けのオーニング（日除け・雨除け）を探していました。お金を出せばそれ相応の素敵なものがいくらでも手に入るのですが、家を建てるのにそれなりのお金を使った後だけに、かなりの金欠病でした。

ある日、新聞の通販広告で手ごろな価格とサイズのオーニングを見つけました。値段は1万円ぐらいですから、一年中外に出しておいても、惜しげなく使えます。デザインはブルーと白のストライプで、とても夏らしく涼やかです。突っ張り式なので、特別な工事を必要とせず、自分たちで取り付けられます。

早速ウッドデッキに出るキッチンのドアに付けてみました。すると、格子入りの窓ガラスと白レンガの壁によく映えて、とてもいい雰囲気なのです。ご近所からは、まるでパン屋さんのようでかわいらしいと言ってもらえました。私は、これはまるでパリの五つ星ホテル「プラザアテネホテル」の窓にそっくりだと思い、大満足でした。

暗い足元も照らす白レンガチップの小径

せらら工房の施主は、希望すれば、庭などに敷き詰めるためのレンガのチップを、安い価格でもらえます。レンガブロックを積み上げる際に割れてしまったものや不要になったレンガを砕いたものを袋詰めにして、希望の色のチップが後日届けられるのです。廃材を無駄のないように使ってもらおうとするポリシーが窺える企画ですが、利用者の評判もとても良いようです。ホームセンターなどでこの手のチップを購入すると1キロ何千円もするので、庭を敷き詰めることなんてとてもできません。

私たちは家の色に合わせて、白レンガのチップを希望しました。お願いしてから1か月余り経った頃、夜遅く、元大工の青年が一人で20袋ものチップを大型トラックに乗せて届けてくれました。事前に現場監督さんがチップを置くスペースの寸法をメジャーで測りに来てくれたので、この量になったのです。

白レンガのチップを敷き詰めた小径

後日、さっそく主寝室の前から西側の歩道に敷き詰めてみました。白く砕かれた石の小径が、素人の私の手でもきれいに仕上がりました。

玄関脇の灯りを消していたにもかかわらず、月明かりで足元がぼーっと光って見えます。暗くなった後、台所から生ごみを持って裏庭にあるコンポストへ歩くのは足元が見えにくくて少し億劫だったのですが、この思わぬ白レンガチップの効果で安心感が生まれました。

白い石を帰りの道しるべにしたヘンゼルとグレーテルの童話を思い出しながら、音を立ててチップを踏みしめる日々を楽しんでいます。この童話を読んだときには、白い石が光るなんてと半信半疑でしたが、実際に月明かりでこんなに足元が見やすくなるとは……。

電灯なしで、レンガだけで足元を照らす……これぞ究極のエコライフかもしれません。

レンガにはバラがよく似合う……

白いレンガの外壁には、バラがよく似合うはず! 当初、私は庭を「バラ園にするぞ!」と張り切っていました。けれども……試行錯誤と悪戦苦闘の結果、できたのは、強いモノだけが生き残るサバイバル・ガーデンでした……。

ローンに追われ、高校教師として身を粉にして働く私が帰宅するのは、手元が見えなくなる夕方です。充分な庭の手入れなどできません。その結果、想定外の、雑草にも負けない植物だけがいつの間にか勢力を伸ばし、生き残ったのでした。

もちろん、いろいろなバラにチャレンジはしたのです。香りも形も可憐なダマスクローズたち……彼女たちのステイ日数の短かったこと! 最後に生き残ったバラは、初心者でも育てられるとお墨付きのピエールドロンサール、アイスバーグなど、病気にも強いツルバラの数々でした。

忙しい人でも大丈夫なのは、チェリーセージ、ラベンダー、ロシアンセージ、ミント、ローズマリーなど、やたらに強いハーブ系の数々だということを学びました。虫がこうした強いハーブの香りを嫌うと聞いて植えたところ、一緒に植えたバラへの害虫効果もあったようです。

充分な日当たりと水、そして栄養豊富な土があれば、多少放置していても植物たちは生き延びていけるものです。その代わり、庭が野生化することを覚悟しなくてはなりません。それでもレンガの家にはなんでも映えるので、ガーデニング技術が未熟であっても、植える植物が偏っていても、それなりに素敵な庭に見えるのでした。

家は常に「現在進行形」

「ホームドクター」と共に

せらら工房でよかったと実感したことの最後に、引き渡してもらった後に始まる「アフターサービス」の安心感がありました。

建てた後からつきあいが始まり、家のメンテナンスについて教えてくれる「アフターサービス」という部署には本当に助けられています。実は施主にとっては、住み始めてから住宅メーカーの助けが長期間必要になると言われていますが、その助けが初めからきちんと用意されているわけです。住み続けるなかで、より快適さを追求するうえでも、とても心強いシステムだと言えるでしょう。

初めての冬の乾燥したある日、エアコンの排気口から規則正しい小さな音が聞こえてきました。夏場は聞いたことがなかったので、何の音なのかとても不思議に思ってアフターサービスに電話すると、早速技術屋さんを派遣してくれました。来てくれた方は、高気密の住宅は室内の気圧が低くなって真空のような状態になるために、外の空気を取り入れよ

う と空気圧の力が加わり、エアコンがそのような音を出すのだと答えてくれました。高気密のマンションでも、同じような音が聞こえるそうです。

こんなふうに、高気密な家の知識と、家の機能を最大限活用するためのアドバイスがもらえるのです。家が健康であり続けることは、そこに住む家族の健康を守ることでもありますが、これが本当の意味でホームドクターと呼べるのではないかと私には思えました。

「家そのものを楽しむ」という知性

欧米では多くの人が「趣味は、家です」と断言しています。家は住人が自分らしさを追求できる一番身近な、そして一番長く楽しめる、実用的で贅沢な趣味なのかもしれません。

家のリフォームも器用にできる玄人はだしの人がとても多いので、以前に住んでいたフランスでも、友人の家に遊びに行くたびに少しずつ変わっていく内装を目にしました。彼らはそれほどお金を使わなくても生活を目いっぱい楽しむ方法を知っている達人です。そんな彼らにとって、家は知性を遊ばせることのできる大きな対象なのです。気長にお金をかけても飽きのこない、進化し続ける「夢」でもあります。

私にはそんなレベルのリフォーム技術はありませんが、彼らの暮らしぶりを見て、家そのものを楽しみながら生きていきたい、と思うようになりました。書庫を見れば所有者の本の趣味を知ることができるように、家を見るとそこに住む人の暮らしぶりやセンスが伝わってくるものです。

何世代にもわたって住まわれ続ける家には、住む人の変化に合わせて間取りや内装をいかようにも対応できる造りであることが求められます。家の躯体構造は永遠に、中身は多様に……。その実現を可能にしているこの住宅は、やはり素晴らしいパーフェクトな存在だと思うのです。

PART 5

これから家を建てる方たちへのメッセージ

心身の健康と「家の快適さ」には関係がある

「ストレスも癒やしてくれる場所」にする

　私が新卒で就職したフランスの企業では、どんなに忙しくても花を生ける程度の心の余裕は必ず持ち続けなさいと教えられました。ストレスを抱え込み過ぎず、その瞬間瞬間を、五感を使って精一杯楽しみなさい、なぜなら人生は想像している以上に短いからと。

　その後生活したパリでは、その日その日を豊かに、そしてユーモアを忘れずに、全身でその時を感じとり、精一杯生きなさいと言われました。そして私は、そんな生き方を可能な限り実現している国の姿を見ました。自分たちの人生を最優先に謳歌し、まっとうするという強い意志。それは人生に対する、ある意味彼らの「誠実さ」なのかもしれません。和を重んじる日本とはかなり違った哲学であり、組織のために個人を犠牲にすることさえ求められる文化とは正反対にあるように思われました。

　身の丈《たけ》に合った暮らしをし、どこにいても自然体の、「素」の自分をさらけ出せる強さと爽やかさが同居しているフランス人たちを、あの頃の私は驚きと羨望の眼差しで見つめていました。自分が心地良いと感じる空間をたちまちのうちに見つけ出し、あるいは作りだせる彼らの背中を……。

人生の折り返しを過ぎた今、その哲学と彼らの姿をよく思い出します。日々の暮らしに精一杯で、自分の人生を振り返る余裕もない自分自身に、あの頃の同僚や先輩たちが叱咤してくれるのです。「自分の時間を生きなさい。ボヤボヤしている時間はないのだ」と。

読者のなかにも、出る杭は打たれる文化の中で自分を出せずに萎縮し、心ない言葉や無言の威圧におびえ、得体の知れない不安に埋もれている方、自分らしく生きることに罪悪感を持ち、プレッシャーに負け、殻に籠る日々を過ごしている方がおられるでしょう。

そんな方に、疲れ切った心と身体をのびのびと休ませる空間があれば……。心の病を癒やし、憔悴した身体を癒やす場があれば……。再生への一歩を踏み出せるかもしれません。それが「我が家」であれば、とても幸せではないでしょうか。

「我が家」を構成しているのは、大切な家族、そして箱である「家」そのものです。そして、家族の心身の健康と家の快適さには、関係があるのです。

自分がしたいことを見つけ、そのすべてをやり遂げ、会いたい人と出会い、旅をして芸術や異なる文化に触れ、人生を変える本に出会いたいものです。なぜなら、最後には笑顔で「あー、楽しかった！　やっぱり人生はすばらしかった！」と言ってお別れしたいではないですか！

家づくりにあたっての大切なポイント

建築場所の見極めはしっかりと

どこに建てるか、ということについては、どうしても会社の近くにとか、親のそばにとか、先祖代々の土地にとか、田畑と共に暮らしていきたいなど、それぞれの事情があって一概には言えないと思います。

けれども、私は思うのです。多くの自然災害が毎年発生し、多くの人が犠牲になっているこの国にあって、その自然の力を無視した土地選びはできるだけ避けるべきだと。どんなに素晴らしい造りの家でも、その地域を破壊するほどの威力をもった災害が襲ってきたとき、仮に自分たちの家が残ったとしても、コミュニティーを失ってしまうかもしれないからです。

地震が多発し、豪雨に悩まされるこの国の中で、どこが安全なのかということを見極めるのは至難の業です。近年は気候変動のせいで、いつどこに竜巻やハリケーンが襲ってくるかもわからない状況が生まれています。

そんな中でも、岩盤の堅さを表すデータや、水や風の流れを計算して災害を最小限に抑える科学的な統計が全然公表されていないわけではありません。住居を建てる場所を自由に選択できる権利は国民一人ひとりに与えられているはずです。その権利を駆使した、後悔のない土地選びこそが、家づくりのスタートだと私は思っています。

施工会社を選ぶときは、実際に体験してみる

土地を確定する前後に決めるのが、おそらく施工会社でしょう。家という物理的にも金額的にも大きな買い物をする場合、一般的には信頼性の高そうな大手にお願いするケースが多いかもしれません。

私たちは、実際に大手で建てられた方々に住み心地を聞いたり、冬にお邪魔してその温度を体感したりしたことで、そのメーカーへのイメージや知識を固めていきました。

せらら工房を知り、その理念や、構造の確かさに信頼を置き、建築をお願いすることになったのは、結果として大正解でした。

もし、せらら工房を検討なさっている方がいれば、ぜひ実際の建物を体感できる「宿泊体験」を利用することをおすすめします。具体的な生活のイメージをつかむことができるでしょう。

ただし、モデルハウスでの宿泊体験は、高気密であるがゆえに室内が乾燥しすぎているかもしれません。でも実際の生活空間では自然と水回りを使っているので、その乾燥した空気にちょうどよく潤いが混ざるので心配はいりません。つまり、モデルハウスよりも、実際に生活していく家の方が、快適なのです。

プロの意見には意味がある

私たちは家を建てるにあたって、施工会社をはじめとする関連会社の方々と実際に交流することができました。これは、とても幸せなことでした。

今ではＬＩＮＥでのやりとりが多くなったそうですが、当時はメールでのやりとりが多く、そこににじみ出ていた一人ひとりの人柄を今も懐かしく感じます。

そんなプロの方々とやりとりするうえで、こちらは素人ですから、どうしても理解できないことも出てきました。

例えばお世話になった一級建築士さんは、「トイレが4センチ狭くなってしまうのですが、いいでしょうか？」「北側斜線のため、下に4センチずれてもいいでしょうか？」と、いちいちこだわる方でした。理想どおりに事が運ばないと、まるで世界の終わりのような……大事件のようにこだわるのです。

私たちからすれば、どうしてそんなに細かいことに、と笑ってしまったほどです。4センチ？　そんなの全然かまいませんよ、と私たちは答えていました。

ところが、です。たったの数センチがどれほどの違いをもたらすか、住んでみてわかり

最新大型冷蔵庫購入決定ー！
全面銀色ミラータイプ！
ピピッ
ドアに表れる近未来的電子文字！
真空状態の野菜室…一週間も長持ち！
プシューッ
いよいよ、配送…
ん？
ねじ
シャーッ
運び上げるのに階段幅が4センチ足りません。
プッ
搬入は諦めてください…
ども
旧タイプの中型冷蔵庫
シャーッ
空を測っている…
シャッ
走る電車も…
ゴオオオ…
シャッ
ダッ
な…何があったんですか？
はー…まぁ色々と。
ここも傘を掛けるには4センチ足りない！

ました。トイレの幅が、あと数センチあれば……掃除がどれほど楽だったことか！　トイレ掃除は日常のことですから、その数センチが悔やまれてなりません。

プロの意見には、それなりの意味がある！　これが、私たちの得た教訓の一つです。

家を長持ちさせるキーワードは「湿度」

冷暖房効果に負けず劣らず大切なのは「湿度」だということは、意識しておいたほうがいいでしょう。

実は我が家でも、窓を開けている時間が長いと、湿気で室内の壁クロスがたわみ、剝がれかかってしまうことがあります。ですが、再び閉め切って生活していると、たわんだところが元どおりに収まってきます。この変化を見ると、クロスの劣化の大きな原因が湿度だということを確信します。

高気密・高断熱の構造によって湿度をシャットアウトできるということは、タイムカプセルのように時を止める効果があるのです。真空パックの中で暮らしているのだと言っても過言ではないかもしれません。

メンテナンス・フリーでも出費はある

ここまで、レンガの家の素晴らしいことばかりを書いてきました。高い買い物のようでいて、実は経済的なことも強調してきました。けれども実際に住んでみれば、思いがけない経費がかからないわけではありません。それを書いておきたいと思います。

外壁の塗り替えや屋根の張り替えは、この7年間まったくしていません。外壁のレンガについては、このままずっと何もしなくてもいいのです。ただし、屋根については30年ぐらい経ったときに張り替える必要があると聞きました。

最もメンテナンスが必要なのは、我が家の場合はウッドデッキかもしれません。

外気にさらされて雨風を受けているので、1年に一度はペンキの塗り替えをしたいところですが、ペンキは1缶1万円ぐらいです。塗り替えは自分たちでやっているのですが、でこぼこなくきれいに塗る腕がないので、毎年マニッシュな仕上がりになってしまって、かなりの不満が残ります。

換気口のフィルターや消耗品にも、お金がかかります。フィルターは半年に1度、水でよく洗い、掃除機をかけますが、1年後に新しいものと交換しています。正規のフィルター1個の値段は千円ですが、家全体で10個あるので、交換となると、毎年1万円ぐらいかかります。

ただし、実は習得した裏ワザがあります。市販されている換気口用の四角いフィルターを購入し、正規のフィルターと同じ大きさにカットし、外側に付けるのです。一緒に使えば、内側の正規のフィルターが長持ちするため、交換が2年に1度でよくなりました。

この7年間で家のメンテナンスにかかった費用は、電気のバルブの交換と、デッキとフィルターにかかった13万円ぐらいだと思います。

とは言え、基本的にはメンテナンス費用は格安のほうだと言えるでしょう。それに光熱費の安さを考えれば、かなり経済的なことは確実です。

ローン返済がありますから光熱費は安いほうがいいし、老後を考えてもメンテナンス費がかからないことが理想的です。レンガの家は、そんな理想的な家です。

私たちの幸せは「地球の環境」と繋がっている

「環境問題」を住宅から考えたい

もう一つ、これから家を建てようとする方々にお願いしたいことがあります。家を建てようとするときには予算の問題が大きく立ちはだかり、日頃は環境問題に敏感な方であっても、大きなお金の話になるので、なかなか理想どおりにはいかないものです。なので、ほんの少しだけ、環境問題と、100年先の世界に想いを巡らせていただけたらと思うのです。

幼いころから私が環境問題に関心を持っていた理由は、おそらく父が僻地教育に情熱を傾けていたために、私も農村や途上国に住んでいたからだと思います。また、主人が最初に勤めていたのが原子力エネルギーの会社だったことも無関係ではないでしょう。

私の敬愛する漫画家・手塚治虫さんの著書に、『ガラスの地球を救え』という随筆集があります。内容は、46億年というはるかな時を生きてきた地球が今、危機に瀕していることへの警鐘です。「万物の霊長」と自賛しつつ、欲望の赴くままに自然を破壊し、動物を殺戮し続けてきた私たちが今、自然からしっぺ返しを受け、生命存続の危機に陥っています。

その本の中に、「私たち人類にとって一番大切な情報は何か?」という問いかけがあります。あらゆる情報があふれているこの世界において、最も大切なのは「私たち自身の生命に関わる情報である」というのがその答えです。

「地球温暖化」の問題がクローズアップされて、ずいぶん経ちました。シベリアでは40メートルの分厚い永久凍土が溶け、蓄積されていたメタンガスが大気に放出されようとしています。日本の面積の26倍に当たる永久凍土は、地球温暖化を加速させる「時限爆弾」と呼ばれています。

これから求められるのは、どのような環境や気温の変化にも耐え、その中で生活する人間の暮らしを守ることができる、柔軟で頑丈な住宅であることです。

私たち人間が自らの生活排水とエネルギー活動による空気汚染でこの地球を汚してきた事実は否めません。私たちの生命活動継続に大きな影響を及ぼしている環境破壊のために、多くの人々が貧困へ追いやられ、貧困そのものが、さらに環境破壊をもたらしています。

生活のために資源の基盤を浪費せざるを得ない状況。まるで、自分の足を食べる「蛸」のように森林伐採が進んでいます。かつて環境と経済発展とは別問題でしたが、二つを同時に解決しない限り、いずれの到達目標も達成できないという困難な現実に、今世界の指導者たちは直面しているのです。

SDGsの実現を願って

1974年に地球環境問題を分析するワールドウォッチ研究所（WWI）を設立したレスター・R・ブラウンの『SAVING THE PLANET（地球の挑戦）』は、沈みゆくタイタニック号に地球の運命を重ね合わせた書き出しで、読者に衝撃を与えました。人は刻々と変わる現実をごく緩慢にしか認識できない。それは事態が理解できないからだと彼は言います。我々には地球破壊が将来に及ぼす影響を把握する能力がなく、将来の悲劇を理解できる人はごくわずかで、どうすべきかを考えている人はさらに少ないと言っています。

文明生活が生態系に影響を及ぼすことが不可避なら、せめて少しでも生態系全体を視野に入れて、地球環境を守る生き方を考え、実現させせなければなりません。各人が自分の行動を振り返り、削減可能なCO2を考え、生活を工夫することが求められているのです。

その工夫の一つに「住宅建築」が挙げられるでしょう。もしも、住宅の建て替え回数が少なくなれば、多くのエネルギーの節約と、廃棄物の減少に繋がります。内部のリフォームで済めば、地球にも個人にも負担が少なくなるはずです。

ＳＤＧｓ（Sustainable Development Goals）という言葉をご存じでしょうか。「持続可能な開発目標」として、２０１５年9月の国連総会で採択された行動指針です。

ＳＤＧｓには17の目標が掲げられています。

「貧困をなくそう」「飢餓をゼロに」「すべての人に保健と福祉を」「質の高い教育をみんなに」「ジェンダー平等を実現しよう」「安全な水とトイレを世界中に」「エネルギーをみんなに　そしてクリーンに」「働きがいも経済成長も」「産業と技術革新の基盤をつくろう」「人や国の不平等をなくそう」「住み続けられるまちづくりを」「つくる責任つかう責任」「気候変動に具体的な対策を」「海の豊かさを守ろう」「陸の豊かさも守ろう」「平和と公正をすべての人に」「パートナーシップで目標を達成しよう」として『持続可能な開発のための２０３０アジェンダ』に記されているのです。

本当にこれらのことが世界中に実現されれば……と強く思います。

その実現のために私たちにもできることはないのでしょうか。個人レベルでできることは限られていますが、それでも可能な限り、正しい知識に基づいたエコ活動を進めることはできると思います。生活排水や冷暖房などで生じるエネルギーの無駄を極力減らすこともその一つ。ですから、地球環境に優しく、住む人に優しい住宅を造ることは、SDGsへの貢献ではないかと私は思うのです。

「過去」を想い、「現在」を生きる

私はたまたま今の時代に生まれ落ち、多くの選択肢の中から長期優良住宅という、とても恵まれた家を手にしました。今の時代だからこそ、できたことです。

豊富なカタログ、ありとあらゆるニーズに応えられるようなパーツと配色、予算さえ許せば何を選んでもよい時代に生まれてきたことが、いかに贅沢かを思い、戦時中には食べものにさえ困っていた先人たちの苦しみを想います。今の豊かな生活は、すでに地面の下で眠っている方々を含めた先輩たちが築き上げてきた蓄積のおかげです。だからこそ、今を大切にしたいと思い、今日を生きています。

目には見えない世界を想うことが、私は好きです。柱、床、タイルの目地、クロスの目張りの跡、筋交いの一本一本、配線の一本一本、ニッチの棚の板の一枚一枚から、そこに魂を込めて作業していた職人さんたちの後ろ姿を思い出します。

7年経った今も、まだ、そこかしこで職人さんたちの気配を感じます。きっと今日も違う現場で懸命に頑張っている彼らと共に、私たちはこの家に住んでいるのです。

家を囲んでいた足場の残像は、これからも私たちの心に刻まれ続けるでしょう。そこを歩いていた高所恐怖症の大工さんを含め、多くの職人さんの足音を聞き、姿を見つめながら、これからも生活していくでしょう。

そして、目には見えない、表には見えにくい、形にはならなかった、でも、決して無駄ではなかったたくさんの労働に対しても、私たちは心からの、そして深い感謝の気持ちを伝えたいと思います。

それと同時に、この家で１００年先、２００年先に住んでいるであろう方々の姿を想像します。彼らにもまた、過去にこの家を築いた人のこと、また住んでいた人のことを想像しながら生きていってほしいと願うからです。今のパリの人たちが、過去の人たちと共に、その同じアパルトマンの中で生きているのと同じように……。

長持ちする家は、未来への形ある大きなメッセージです。その中での生き方は違っていても、その場を提供する箱の形は不変だからです。

私たちがこの住まいを愛してやまないのは、そうした新しい世界と古い世界が繋がる道の真ん中に自分たちの暮らしがあるからなのです。かつて誰かがそこに住み、未来にはまた別な誰かが……ということを意識して暮らすのは、なんと楽しいことでしょうか。

200年後の未来は……

この家を建てるとき、この家は200年持つ、と言われました。それなら、この家は西暦2200年にも残っているはずです。そのとき、この国はいったいどんなふうになっているのか……私は期待を込めて想像しています。

コンピューターと通信技術はますます発達し、会社に通勤する人は減りました。AIの利用で人間の過剰な労働が緩和され、人々はもっとクリエイティブな仕事に従事できるようになりました。余暇の時間が増え、かつてよりも人生を楽しんでいます。交通渋滞が緩和され、化石燃料を使う自動車は燃料電池と電気自動車に代わりました。

世界的に植林が進み、深刻だった砂漠化が止められました。生活廃水や生ごみのほとんどは有機肥料となり、大地へ還元されています。栄養価の高い食品が世界に流通し、栄養失調に苦しむ人が減り、健康で快適な生活が普遍的になっています。

バイオエネルギーでジェット機やロケットが飛ばされ、CO2削減に大きく貢献しました。リサイクル産業が大きなビジネスとなり、廃棄物削減にも一役買っています。食の安全を確保するために農業・水産業が重視され、食糧の自給自足が進みました。雨水を捨てずにリサイクルする浄化システムが地域と家庭に確立され、使用水の6割は自分たちで賄えるようになりました。

住宅産業も大きく変わりました。100年を超えて長持ちする住宅がほとんどを占め、古い家ほど評価されるという価値観を共有しています。一方で、世界遺産となった多くの木造建造物も大切に管理されています。林業も再生し、文化遺産の修復や、住宅の内装リフォームなどに、国産の材木が使われています。もはや輸入で途上国の森林を破壊することはありません。

公共の建物、高速道路、家々など、あらゆる場所に、エネルギー効率が良く、蓄電率の高いソーラーパネルや水力・風力発電機が設置されています。それぞれが小さな発電所になっているので、災害時にライフラインが切れることはありません。

エネルギーや食糧、そして住宅の建て替えの心配をせず、自分たちの能力を最大限に生かした仕事に就け、生活を謳歌できる……そんな世界が実現したら、どんなに素敵なことでしょう。そんな幸せな未来を築くために、私たちは賢い選択をしていけるでしょうか。きっとできる……私はそう信じたいと思います。

そして、そんな質の高い人生を実現させてくれるベースとなる場所が、それぞれの長期のヴィジョンで建てられたマイホームなのかもしれないと、つくづく思うのです。

100年後、この家に住む方に……「22世紀への手紙」

この家を設計した人は、まだ20代の若き青年で、子どものようなかわいい顔立ちなのに礼儀正しく、めっぽう酒好きな、愛すべき一級建築士でした。発想の柔軟さと新しいものを取り込む新鮮さに若さを感じさせる彼は、これから自分の夢の実現のために、新しい世界へ向かおうとしています。

内装をデザインした人は、インテリアの才能に恵まれたかわいらしい女性でした。もうすぐ三十路になるのに独身であることをちょっぴり気にしている、明るくパワフルで繊細な彼女は、この先きっと理想の男性と幸せな家庭を築いていくでしょう。その曾孫にあたる人が、もしかしたらあなたの近くに住んでいるかもしれません。

この二人を支え、設計の詰めを行い、初めの青写真を立体的に設計した建築士が、もう一人います。控えめで誠実な彼は、三人の男子の父親でした。成長期の子どもたちが食べる毎月のお米の消費量を嘆きながら、その小柄で細面の表情は幸せそのもので、優しく輝いていました。

この家を建てた棟梁は、30代初めの、伏し目がちの目元が優しい、腕のいい大工さんでした。まだ幼い二人の男子の父親でもあり、少年のようなまなざしに強い光が宿っていました。指先は太く繊細で、彼の力強い両腕から、この大きな家は建てられたのです。この家を支えている材木の一本一本に、そんな彼の汗がしみついています。

現場監督は元大工さんで、あまり多くは語らず、どこかユーモアがあり、いつも冷静に人物を見ている人でした。現場の責任者として各方面からのトラブルに迅速に対処し、冬でも半袖のシャツで腕組みをしている作業着姿を見ていると、何故か心からの安心感を覚えてしまう、そんな男性でした。

コーディネーターとして動いてくださったスタッフの一人は、女手ひとつで三人の子どもを育てた方でした。彼女が強く生きてこられたのは、ご主人との深く温かい思い出がずっと彼女を支えてきたからに違いありません。笑い声が誰よりも大きく、どんなトラブルにもめげない彼女を支えているのは、そのご主人が残された三人でもあるのです。

そして……、ここには書いていない、他にもいるたくさんの方たちによって、この家は建てられました。

私たちはごく普通の共働き夫婦で、二人の男子を育てながら人生を歩んできました。私たちが後世に残せることは、この家を建てるために集まった素敵な人たちと出会えたという強い運……、そして１００年後のあなたにも自慢できる家を手渡せたということです。

私たちはこの家の誕生を目撃し、建てられたばかりの時期に居合わせたことを幸せに思います。この家に住む今のあなたが、今の私たちのように笑顔であることを願っています。

あなたの時代が、戦争がなく、気候に恵まれ、食糧が充分にある世界であることを、強く望んでいます。そして、人間同士が助け合える社会であることも……。

幸せでいてください。この家を建てた人たち皆が、それを望んでいるのですから。

22世紀の世界に、この素晴らしい家を、心をこめて贈ります。

施主

おわりに

家を建てるということは、施主にとっては、これからの人生をどう生きていくのか、どこで最後の日々を送り、残りの人生をどんなプランで誰と生きていくのか、というその個人にとっての幸せの形を具体化していく作業であるのだと思います。その人にとっての幸せのイメージを探し求め、形にしていく作業と言えるかもしれません。そして、その答えが出たときに、家は完成するのだと思います。

人生は、思いのほか短い。だからこそ、この世界に存在している間に、自分たちの生活空間を具体化させる作業が、住宅建設なのだと思います。そして、誰と、または、いつかは一人で、どう暮らすのかということと同じくらい大切なことは、「どんな理念を持ったハウスメーカーと建てるのか」ということが実はとても大切になってくるのです。どんな「ハウスメーカーで」建てるのかではなく、どんな「ハウスメーカーと」建てるのか、です。できれば注文住宅などという大きな買い物は、一生に一度だけにしたいものです。そして、その一度で理想の住宅と出会えれば、言うことはありません。

2009年6月、私たち夫婦と、小学生と中学生の息子の4人家族は、「レンガの家」を建てて住み始めました。家族構成も、夫婦それぞれの仕事も、息子たちの学校も、それまでと変わりありません。けれども、この家に住むことによって、以前とはまったく違う暮らしが私たちを待っていました。

私たちが建てたのは、レンガでできた「長期優良住宅」です。「長期優良住宅」というのは、構造躯体が百年持つほど丈夫で、設備の維持管理が容易で、耐震性にすぐれ、居住者のライフスタイルに応じて間取りを変更でき、省エネルギー対策が施され、周囲の景観にも配慮され……などなど厳しい基準をクリアした住宅のことです。簡単に言えば「丈夫で長持ち、人にもお財布にも優しい」住宅です。そのことは、約7年間春夏秋冬を通じて、私たち家族が経験し、実感してきた真実であり、最後に整理の意味も含めて少しばかりそのことにも触れたいと思います。

その「長期優良住宅」の価値は、住んでみてからのほうが強く理解できるでしょう。住む人の身体にも心にも、そして家計にも、とても優しいことを、私は日々実感しています。

まず、「高断熱・高気密」という構造の素晴らしいこと。高断熱・高気密と言ってもピンとこない方が多いかもしれませんが、これは冬の隙間風をシャットアウトし、夏の熱気を取り込まない造りを意味しています。

逆から言えば、冬は暖房で暖まった空気を、夏はエアコンで冷やされた空気を、外に逃がすことがありません。つまり、窓を閉めてさえいれば、外の天候に左右されずに室内を快適温度に保って生活できる、ということです。私たち家族は、その心地よさを肌で感じています。

そして、これはレンガ自体が通常の家と比べ約10倍の優れた断熱性や真夏の遮熱性を発揮しているということで、快適に暮らすための光熱費をかなり安く抑えることに繋がっているのです。

さらに「レンガの家」は、外壁のメンテナンスをする必要がまったくありません。外壁の塗り直しが必要な家であれば数十年ごとに何百万円もかけるわけですから、このメンテナンス・フリーは大きなメリットです。そればかりか、レンガには年数を追うごとに味わい深くなっていくという魅力もあるのです。

建てる前には「レンガの家なんて高嶺の花」だと思っていましたが、実際に生活してみ

壁面内温度分布図

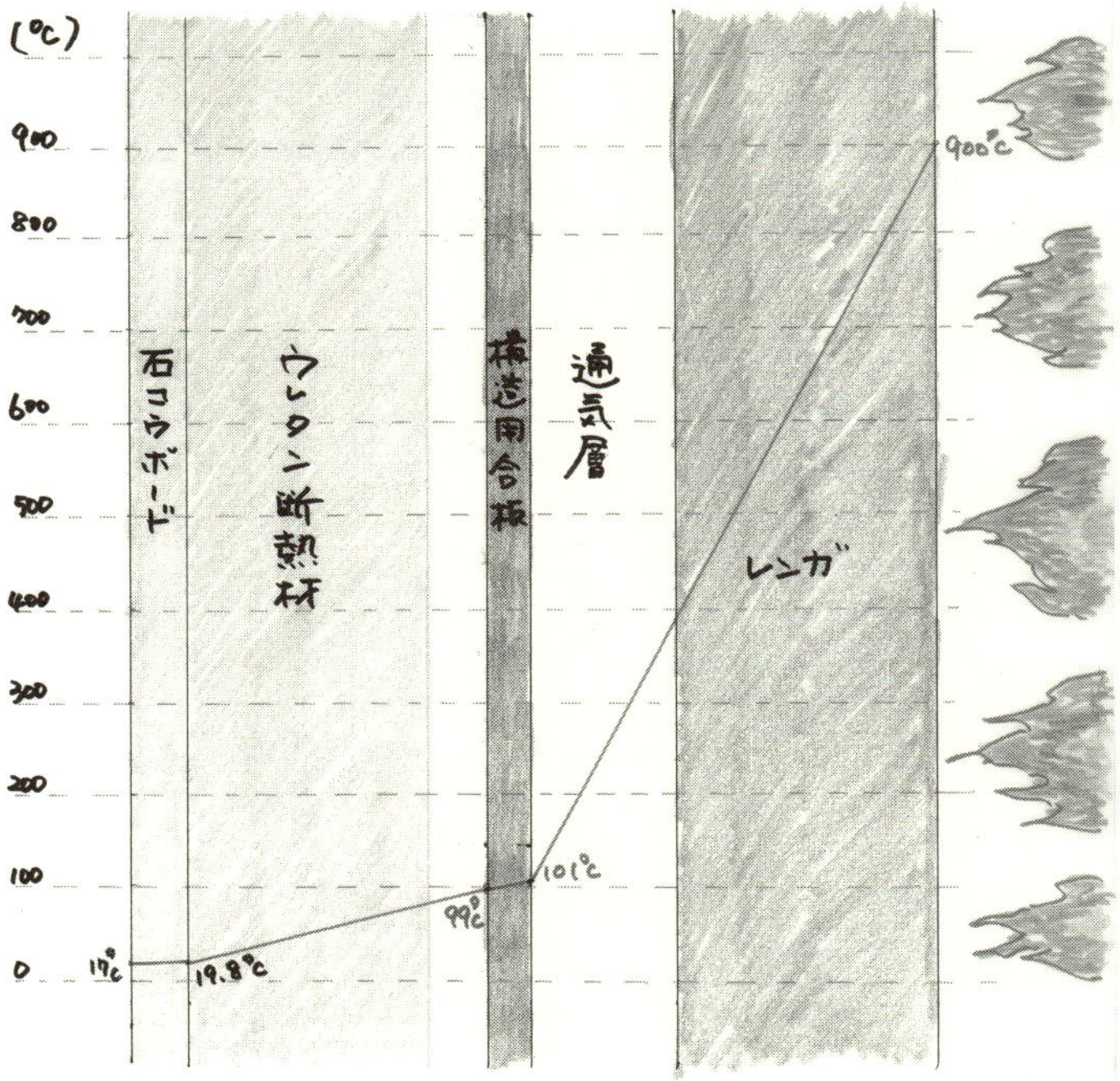
(℃)
900
800
700
600
500
400
300
200
100
0
石コウボード
ウレタン断熱材
構造用合板
通気層
レンガ
17℃
19.8℃
99℃
101℃
900℃

ると、経済的にもプラス面のほうが大きいことを実感しています。

「長期優良住宅」は住む人の身体や家計だけでなく、地球環境にも優しい存在です。家を一軒建てるときに、どれほどの木材が使われ、それがどれほどの森林破壊に繋がっているかを考えてみてください。

レンガでできた長期優良住宅は、建て替えのサイクルが極端に長いのです。そんな建て替える必要のない住宅が世界に広がっていったら、環境にも人々の生活レベルの向上にも大きく貢献するのではないでしょうか。地球環境への負担が軽いことは、未来の人々の健康を守っていくことにもなるはずです。

人間が住宅寿命を超えることはできませんが、自分たちの特別な想いを、自分たちがいなくなった未来まで存在するこの「頑丈な箱」に託すことはできるのです。

私たちの家の施工会社となったせらら工房のモデルハウスを初めて訪れたとき、「わあ、素敵！」と心を躍らせるような華やかな展示は見あたりませんでした。どちらかと言うと、武骨で飾り気のないものが占めていたという印象です。けれども、そこにとても重要なコンセプトがあることに気づきました。それは「丈夫な家の骨組み」「高気密・高断熱」という、家の芯の部分を大切にする理念です。

堅固な芯の向こう側に、家づくりの本質的な理念が見え隠れしていました。住む人の幸せを考え、未来の地球環境を考え、働くことの意味まで考えさせる思想です。私たちは建築に携わるプロから、「大切な何か」を教えてもらいました。施主からの尊敬すら勝ち得た彼らの向こうには、会社の理念がありました。


数え切れないほど多くの住宅展示場に足を運び、きれいなものや素敵なデザインを追い求めていた私が、不思議なことに、いつの間にか、この本質さえしっかりしていれば、逆にデザインはどうにでもなると考えるようになりました。芯さえしっかりしていれば、美しくて普遍的なデザインは自然についてくるのではないかと……。

本当にそのとおりでした。結果的に私たちは、芯がしっかりしているだけではなく、外観も内装もとても素敵な、レンガの「長期優良住宅」を手に入れたのです。それは、住み続ける時間の分だけ保障されている生活空間でした。

家族の命を、そして身体だけではなく、そこに住む私たちの心までを守ってくれる……

そんなはっきりとしたコンセプトを持ち、「顧客の声」という一番確かで厳しく、真実の声を伴う営業路線のみでファン層を広げてきた、そんなハウスメーカーと出会えたことを、心から幸運に思います。

最後になりましたが、佐藤宏亮社長と、グループの社員の皆様、そしてこの家の建築に携わってくださったすべての方々に、改めて感謝と共にこの本を捧げます。

多くの方がこの家の建築に関わってくださいました。それぞれの役割の人がその方の人生を背負って一つの作業のために集まっているので、その方の人生観が垣間見える瞬間でもありました。家づくりは共同作業。それは、人生そのもの、と言えるのかもしれません。

住宅建築を通して出会えた心通う方たちが、これからもこの家を訪れ、それが幾世代も繰り返されていく……。それが、この長期優良住宅の本当の魅力なのかもしれません。

私たちはこれからも、愛おしく思わずにはいられないこの大切な家と共に、人生を歩んでいきます。

この出版にあたってお世話になった現代書林の松島さん、編集の平川さん、構成・執筆に協力くださった飯田さんに、心からの敬意と感謝を伝えたいと思います。やはり、人生は愉快なサプライズに満ちていることを再確認させていただきました。

そして最後に、このレンガの家で楽しくも貴重な日々を共に過ごしてくれた家族一人ひとりに感謝の気持ちを伝えてペンを置きたいと思います。

レンガの家の冒険の日々は、この先もまだまだ続きそうです……。

著者

〈取材協力〉

株式会社　せらら工房
http：//serara.jp/　TEL：045-833-2644

※本書は2010年に刊行した『「200年住宅」でよかった！』の改訂版です。

あこがれのレンガの家《いえ》で暮《く》らしたい！

2018年3月29日　初版第1刷

著　者 ―――――― 花田《はなだ》あゆみ
発行者 ―――――― 坂本桂一
発行所 ―――――― 現代書林
〒162-0053　東京都新宿区原町3-61　桂ビル
TEL／代表　03(3205)8384
振替00140-7-42905
http://www.gendaishorin.co.jp/
総合企画 ―――――― AD企画室　田畑友浩
カバーデザイン ―――― AD企画室　田畑友浩
ブックデザイン ―――― 吉崎広明(ベルソグラフィック)
マンガ・イラスト ―――― 花田あゆみ

印刷・製本：広研印刷(株)
乱丁・落丁本はお取り替えいたします。
定価はカバーに表示してあります。

ISBN978-4-7745-1695-0　C0052